DAS
ZAUBERBUCH
FÜR FRAUEN

GILLIAN KEMP

DAS ZAUBERBUCH FÜR FRAUEN

Zaubersprüche, Zaubertränke
und andere wirkungsvolle Rezepte,
die Liebe, Glück
und Gesundheit bringen

Übersetzt aus dem Englischen
von Anneli von Könemann

Scherz

Die Originalausgabe erschien unter dem Titel
«The Romany Good Spell Book» als Vista Paperback bei Victor Gollancz, London

1. Auflage 1999
Copyright © 1997 by Gillian Kemp.
Alle deutschsprachigen Rechte beim Scherz Verlag, Bern, München, Wien.
Umschlaggestaltung: Kaselow Design

Inhalt

VORWORT

Bereits der Mensch der Frühzeit hatte gewisse Empfindungen für Himmel, Sonne, Mond, Sterne und Naturerscheinungen. Daraus entstanden später Vorstellungen von Göttern, Schöpfung und Sterblichkeit und damit auch der menschliche Wunsch, dem Unendlichen einen Sinn zu geben und in die Zukunft zu blicken. Alle alten Kulturen waren Kulturen übersinnlicher Wahrnehmung.

Weissagungen wurden auf die eine oder andere Art von den alten Griechen praktiziert, von den Chinesen, Inkas, Maya, Arabern, Ägyptern, Hindus Chaldäern, Polynesiern und den Ureinwohnern Australiens.

Einige dieser Völker benutzten Wasser und seine sich verändernden Erscheinungsformen für Vorhersagen, was man Hydromantie nennt. Die Griechen meditierten an heiligen Wassern, die Ägypter befragten Tintenflecke, die Hindus konsultierten Schalen mit Melasse. Andere Völker lasen Botschaften aus den Wolken. Kristalle oder Edelsteine wurden befragt. Mit großer natürlicher Begabung übten die Zigeuner, eine uralte Rasse aus dem Osten, die Kunst der Weissagung aus.

Die Chinesen sollen die ersten Kartenspieler gewesen sein, doch es war das Tarot, das später die Europäer am meisten faszinierte. Es heißt, daß die Tarotkarten vom *Buch des Thoth* abstammen. Thoth wurde als alter ägyptischer «Schreiber der Götter» verehrt und war Schutzpatron heiliger Weisheiten, des Lernens und der Literatur. Die Zigeuner übernahmen das Tarot und brachten es nach Europa.

VORWORT

Sie verbreiteten auch das Handlesen, die jahrhundertealte Kunst, aus den Handlinien selbst eines völlig Fremden seine Vergangenheit und sein mögliches Schicksal herauszulesen. Es heißt, daß diese Kunst schon um 3000 v. Chr. in China weit verbreitet war. Aristoteles und Plinius der Ältere glaubten bereits an das Handlesen, das jedoch erst im fünfzehnten Jahrhundert in Westeuropa eingeführt wurde.

Man betrachtete die Hand in Beziehung zur gesamten körperlichen und spirituellen Natur einer Person, und selbst in einem aufgeklärten Zeitalter wie dem unseren befragen viele Menschen immer noch erst ihren Handleser, bevor sie Entscheidungen treffen.

Für Handleser stellt die menschliche Hand eine Karte des Lebens dar, die ebenso gelesen werden kann wie das menschliche Gesicht. Obwohl man Handleser in früheren Zeiten der Hexerei bezichtigte, haben sie selbst nie behauptet, über okkulte Kräfte zu verfügen. Sie betrachten Handlesen als ein Handwerk.

Mindestens ebenso alt wie das Handlesen ist das Vertrauen in die Kraft von Kristallen. Die ersten Seher benutzten Eisstücke. Das Wort «Kristall» stammt aus dem Griechischen und bedeutet «klares Eis» oder «gefrorenes Wasser».

Um die Zeitenwende schrieben Zauberer Kristallen erstaunliche Kräfte zu: Sie glaubten, aus ihnen den Verlauf der Geschichte und das Schicksal von Regenten lesen zu können.

Selbst gelehrte Männer wie der römische Philosoph Seneca glaubten daran, obwohl die heidnischen Priester jener Tage für ihren Zynismus berüchtigt waren.

VORWORT

Oft verfielen die Seher in einen trance-ähnlichen Zustand, wenn sie ihre Kristallkugel befragten, in der sie Symbole himmlischen Ursprungs oder Bilder folgenschwerer Ereignisse zu sehen meinten.

Der Schweizer Alchimist Paracelsus betonte im sechzehnten Jahrhundert die Notwendigkeit, daß die Kugeln «zu zehn Teilen aus reinem Gold, zu zehn Teilen aus Silber, fünf aus Kupfer, zwei aus Zinn, zwei aus Blei, zu einem aus Eisenspänen und fünf aus Quecksilber» bestehen müßten.

Die heutigen Wahrsager haben es da leichter. Selbst die altmodischen Glaskugeln, wie sie von Fischern für ihre Netze benutzt werden, sollen bereits ausreichend für die Kristallomantie sein. Man findet sie in Souvenirläden an der Küste, und normalerweise sind sie hohl, transparent oder grün.

Ganz gleich, woraus die Kugel auch besteht, gewisse Rituale gilt es immer zu beachten. So muß die Kugel stets saubergehalten werden.

Manche Hellseher empfehlen eine Reinigungslösung aus Wasser und Branntwein, andere einfaches Abspülen unter fließendem Wasser. Aber auch Reinigen mit warmem Seifenwasser gilt als annehmbar.

Die Kristallkugel kann von der Person, deren Zukunft vorausgesagt werden soll, in der linken Hand gehalten werden, während die Seherin hineinblickt. Sonst darf während der Sitzung niemand die Kugel berühren.

Bei anderen darf nur die Seherin die Kugel berühren, damit keine negativen Energien absorbiert werden und die Kugel dadurch unlesbar wird.

Läßt die Energie der Kugel nach, setzt man sie in drei aufeinanderfolgenden Nächten der Bestrahlung durch den zunehmenden Mond aus.

Auch heute noch gelten die Zigeuner als die besten Wahrsager. Keine andere Rasse auf Erden ist so weit herumgekommen, und keine andere hat die Kunst der Vorhersage so weit verbreitet.

Was man auch glauben mag, die Kunst, den Charakter eines Menschen zu erkennen, beherrschen sie jedenfalls bestens. Denn durch Betrug und Hochstapelei allein wären sie niemals in der Lage gewesen, ihre Praktiken über Jahrhunderte aufzubauen, aufrechtzuerhalten und gegen den Fortschritt zu verteidigen. Es muß also auch ein Körnchen Wahrheit dabei sein.

ALLERLEI ZAUBER

Zauberei sprengt Zeit und Raum. Viele Menschen betrachten sie als normalen und natürlichen Teil des täglichen Lebens. Ihr Lebensmotto lautet: «Denke glücklich, und du bist glücklich.» Für sie beginnt Zauberei im Kopf.

Depressionen z. B. ziehen durch Schwingungen weitere Depressionen an. Um das abzublocken, sollte man in schlechten Zeiten fröhliche Musik hören, sich mit fröhlichen Menschen umgeben, vielleicht auch einen Berg ersteigen. Denn wenn man da hinuntersieht, erscheinen Straßen, Autos, Häuser, Menschen – und auch Probleme – in einer besseren Perspektive.

Bäume strahlen Energie ab. Um sich selbst zu stärken und heilende Energie zu gewinnen, stellen Sie sich barfuß ganz nahe an den Stamm eines gesunden Baumes. Die Stärke symbolisierende Eiche ist dafür besonders geeignet. Im Winter umarmt man den Baum und spürt so seinen langsamen, kräftigen Herzschlag.

Sagen Sie sich jeden Morgen: «Heute wird ein Wunder geschehen.» Das zieht das Glück an. Vielleicht erhalten Sie einen überraschenden Telefonanruf, einen Brief, oder es taucht irgend jemand aus heiterem Himmel auf und verändert Ihr Leben. Man muß nur daran glauben.

Der Satz «Heute wird ein Wunder geschehen», laut gesprochen, hat magnetische und verstärkende Wirkung. Wie lange es dauert, bis etwas außerordentlich Gutes geschieht, hängt davon ab, ob Sie sich gerade an einem Tief- oder Höhepunkt Ihres Lebens befinden. Jedesmal, wenn Sie die Worte aussprechen, ziehen Sie das Wunder ein wenig näher zu sich heran.

Denn alles, was Sie sagen, geht hinaus in den Äther, durchdringt Wolken, Zeit und Raum.

Magie kann auch im Schlaf wirken. Wenn Sie schlafen, steigt Ihr Geist empor in die Astralebene, doch bleibt er durch ein silbernes Band mit Ihrem Körper in Verbindung. Astralprojektion ist bei gesunden Menschen ein allnächtliches Ereignis. Durch das silberne Band fließt, während Sie schlafen, geistige Nahrung in Ihren Körper. Schwarze Gedanken hindern Ihren Geist daran, den Körper zu verlassen, und hemmen oder stören damit die spirituelle Versorgung.

Wenn Sie sich vor dem Schlafengehen nicht wohl fühlen, sagen Sie: «Ich will während des Schlafes geheilt werden.» Wenn Sie erwachen, werden Sie sich besser fühlen. Viele Menschen haben sich auf wunderbare Weise erholt, weil sie Ratschlägen folgten, die sie im Schlaf bekommen haben. Diese Form der Weissagung nennt sich Iatromantie.

Sie erinnern sich vielleicht an einen Traum, der eine Botschaft enthält. Ein Arztkittel zum Beispiel oder ein Besuch im Krankenhaus oder eine Bergspitze könnten Anzeichen dafür sein, was Sie im Schlaf geheilt hat.

Es gibt eine mystische Verbindung zwischen den Menschen und dem Mond, der auf ewig mit der Erde verbunden und ein stetiger Begleiter auf unserer Reise um die Sonne ist.

Ein uraltes Symbol für den Mond sind Hörner. Sie beziehen sich auf Landwirtschaft und die Fruchtbarkeit der Erde. Sie ähneln den Hörnern eines Ochsen, die man bei der Aussaat benutzte. Außerdem werden sie mit Hufeisen assoziiert, die es schon seit der Eisenzeit gibt. Ochsen wurden einst ebenso wie Pferde beschlagen.

ALLERLEI ZAUBER

Weil der Mond die Gezeiten des Meeres steuert und unser Körper hauptsächlich aus Wasser besteht, folgen wir dem Rhythmus des Mondes. Im allgemeinen ist unsere psychische Energie vor Vollmond am stärksten und vor Neumond am schwächsten.

Der Mond beeinflußt den Rhythmus des Lebens. Zauberformeln, um einen anderen Menschen anzuziehen oder etwas Bestimmtes zu bekommen, sollte man deshalb zwischen Neumond und Vollmond sprechen. Der Neumond ist drei Tage lang dunkel, ehe er als Sichel erscheint. Neumond-Zauberformeln funktionieren am besten, wenn sie bei Erscheinen der Sichel gesprochen werden.

Um Übel abzuwenden, negative Aspekte aufzuheben und schlechte Situationen zu verändern, sollte man solche Formeln bei abnehmendem Mond sprechen.

Wenn Sie Ihre Energien auf diese Weise bündeln und die natürlichen Gezeiten und Strömungen anzapfen, können Sie die Kraft und Wirkung Ihrer Zauberformeln verstärken. Der wichtigste Bestandteil jedes Zaubers aber ist die Liebe. Gedanken und Gebete sind sehr mächtig. Erst Ihr Denken und Glauben machen den Zauber wirksam.

Manche Zaubersprüche lassen sich mit einer Kerzenflamme verstärken, was seinen Ursprung in der Anbetung des Feuers hat. Aber Vorsicht: Feuer kann reinigendes Mittel oder zerstörerischer Dämon sein.

Die Bäume, Kräuter, Blumen und Öle, die bei Zauberformeln verwendet werden, verbinden sich mit den Kräften der Natur. Einige dieser Bäume, Kräuter und Blumen werden von bestimmten Planeten gelenkt und bilden so ein besonderes Bindeglied zwischen Himmel und Erde. In Harmonie mit deren subtilen Schwingungen wecken sie ein Echo und führen damit zu Erfolgen. Jede Zauberformel, die Sie sprechen, sollte von Herzen kommen und voller Gefühl sein. Richten Sie Ihre Gedanken wie einen Pfeil auf das Ziel.

Seien Sie nicht enttäuscht, wenn Sie das Gefühl haben, Ihr Zauber habe nicht funktioniert. Vielleicht ist es nur Ihre Ungeduld, die Sie zweifeln läßt. Zweifel ist umgekehrtes Vertrauen, und die Natur läßt sich nicht drängen. Zauberformeln folgen der Zeit des Geistes. Alles, was mit dem Geist ausgesendet wird, hinterläßt eine ätherische Spur, die dem Zauber weitere Kraft verleiht, wenn er wiederholt oder neu ausgesprochen wird.

Vertrauen in einen Zauberbann intensiviert die Vorstellungskraft und hilft zu bekommen, was man sich wünscht. Sowohl Worte als auch Gedanken sind eine mächtige schwingende Kraft. Sie müssen fest daran glauben, daß das, was Sie sich wünschen, wahr wird.

LIEBE

Herzenswunsch

Sie haben jemanden kennengelernt, den Sie begehren. Diese Zauberformel wird dafür sorgen, daß die Person Ihre Gefühle erwidert.

Finden Sie heraus, wann die Sonne aufgeht. Außerdem brauchen Sie eine frische Rose. Stellen Sie sich, ehe Sie zu Bett gehen, das Gesicht der Person vor, die Sie begehren, und stellen Sie je eine rote Kerze zu beiden Seiten der Rose auf.

Bei Sonnenaufgang gehen Sie hinaus oder setzen Sie sich an ein offenes Fenster, das nach Osten geht. Die Rose stellen Sie vor sich hin.

Atmen Sie ihren Duft ein und sagen Sie laut: «Diese Rose steht für wahre Liebe. Wahre Liebe, komm zu mir.»

Zünden Sie jetzt im Zimmer die Kerzen an und stellen Sie sich die lodernde Liebe im Herzen desjenigen vor, nach dem Sie sich sehnen.

Lassen Sie die Kerzen so lange brennen, bis die Rose verwelkt ist. Falls die Kerzen vorher gelöscht werden, wird der Zauberbann durchbrochen. Ist die Rose verwelkt, löschen Sie die Kerzen und begraben die Rose.

Das Herz des Menschen gewinnen, den Sie lieben

Schreiben Sie den Namen des Menschen, den Sie lieben, auf die Unterseite einer Zwiebelknolle und pflanzen Sie diese in einen neuen Topf.

Stellen Sie den Topf aufs Fensterbrett; am besten sollte das Fenster in die Himmelsrichtung zeigen, in der Ihr Liebster wohnt.

Wiederholen Sie morgens und abends über der Knolle den Namen der geliebten Person, bis die Knolle treibt, ausschießt und schließlich blüht.

Sagen Sie jeden Tag:

«Mögen die Wurzeln wachsen,
mögen die Blätter wachsen,
mögen die Blumen wachsen,
und genauso möge die
Liebe von [Name der Person] wachsen.»

Liebeszauber

Rosmarin symbolisiert die Erinnerung, das Angedenken. Früher wurde es auf Gräber gepflanzt und in Hochzeitssträuße gebunden. Rosmarin wird von der Sonne regiert und ist Symbol für alle, die unter dem Sternzeichen Widder geboren sind.

Ein herzförmiges Liebesgebinde soll eine Reaktion der Person hervorrufen, die Sie bezaubern wollen.

Pflücken Sie im April oder Mai, wenn der Rosmarin in voller Blüte steht, biegsame, schlanke Zweige ab und binden Sie sie in Form eines Herzens zusammen. Stellen Sie sich das Bild der Person vor, die Sie zu bezaubern wünschen. Binden Sie das Rosmarinherz mit gelben Baumwollfäden oder einem gelben Band zusammen. Falls Sie über Fäden aus Kleidungsstücken oder Haarsträhnen der begehrten Person verfügen, flechten Sie diese mit ein. Das verstärkt die Schwingungen. Ist die geliebte Person unter dem Sternzeichen Widder geboren, weben Sie noch ein paar Wollfäden mit ein.

Stecken Sie das Herz aus Rosmarin in einen weißen Umschlag, legen Sie diesen unter ihr Kopfkissen und sagen Sie vor dem Schlafengehen: «Göttliche Liebe möge meinen Schlaf segnen, mein wahrer Geliebter wird für immer bei mir bleiben.»

Mit der Zeit wird der Rosmarin trocknen und die Lebenskraft darin schwinden. Wenn Sie glauben, daß der Zauber Ihnen die geliebte Person nähergebracht hat, verbrennen Sie den Rosmarin in einem offenen Feuer und denken Sie dabei an die Flammen der Leidenschaft.

Einen Liebhaber finden

Schneiden Sie am Abend des Neumonds ein rotes Herz aus neuem rotem Krepp- oder Seidenpapier. Nehmen Sie ein sauberes Blatt weißes Papier und schreiben Sie mit einem neuen, unbenutzten Stift diese Formel nieder:

«Wie dieses rote Herz im Licht der Kerze glüht,
so ziehe ich Dich, Geliebter, ganz nah zu mir.»

Nehmen Sie danach ein Bad und ziehen Sie Ihr Nachtgewand an.
Zünden Sie eine rote Kerze an und lesen Sie die Zauberformel laut vor. Halten Sie das Herz vor die Flamme und lassen Sie das Licht hindurchscheinen.

Legen Sie das Herz in einen neuen Umschlag und versiegeln Sie diesen mit ein wenig Kerzenwachs. Verstecken Sie ihn einen Mondzyklus lang, das heißt achtundzwanzig Tage ab dem Tag Ihres Zauberbanns.

Beim nächsten Neumond sollte eine neue Liebe in Ihr Leben getreten sein.

Den Mann Ihres Herzens gewinnen

An einem Freitagabend zünden Sie ein weißes Teelicht an und stellen es in eine Laterne.

Stellen Sie sich die Flamme als helle Flamme der Liebe vor, die im Herzen des geliebten Menschen brennt, und die Laterne als Körper Ihres Geliebten.

Wenn Sie beschwörend in das Licht starren, wird Ihre eigene Leidenschaft die Flamme höher lodern lassen, sobald Sie sie mit Ihrem Willen dazu zwingen. Wenn dies geschieht, projizieren Sie Ihre Gefühle in die Flamme. Denken Sie positiv an den geliebten Menschen und schließen Sie ihn in die Wärme der flackernden Kerzenflamme mit ein.

Sagen Sie dabei die folgende Zauberformel:

«Möge diese Flamme der Leidenschaft in Deinem Herzen lodern und Du Dich nie von mir trennen.»

Lassen Sie die Kerze so lange brennen, bis sie von selbst erlischt. Wiederholen Sie diesen Zauberbann so lange, bis Sie von der geliebten Person die gewünschte Reaktion erfahren.

Die Anziehungskraft verstärken

Sie lieben jemanden, spüren aber, daß Sie nicht unbedingt auf Interesse stoßen. Das möchten Sie gerne ändern.

Um mehr Aufmerksamkeit bei der in Frage kommenden Person zu erregen, benötigen Sie ein paar Haare von ihr und Räucherstäbchen mit Rosenduft.

Zünden Sie die Räucherstäbchen an und wiederholen Sie mehrere Male laut den Namen des geliebten Menschen. Sagen Sie dabei, daß Sie sich wünschen, von ihm geliebt zu werden.

Halten Sie die Haare an das brennende Räucherstäbchen, bis sie versengt sind. Denken Sie, während die Haare brennen, daran, wie die Gleichgültigkeit der Person dahinschwindet und von glühender Leidenschaft für *Sie* ersetzt wird!

Lassen Sie die Räucherstäbchen langsam herunterbrennen.

LIEBE

Der Mensch, den Sie begehren, gibt sich kühl, während Sie sich vor Liebe verzehren. Verzweifeln Sie nicht. Benutzen Sie einen Zauberbann! Besorgen Sie zunächst ein Päckchen Samen und einen Topf voll Erde.

Suchen Sie danach einen Gegenstand aus Kupfer, der Ihnen gut gefällt. Gehen Sie in einer Nacht bei zunehmendem Mond nach draußen und halten Sie diesen Gegenstand ins Mondlicht.

Wiederholen Sie dreizehnmal den Namen der Person, die Sie lieben, und drehen Sie dabei jedesmal den Gegenstand aus Kupfer in den Händen.

Vergraben Sie den Gegenstand in dem Topf und säen Sie die Samen vorsichtig darüber aus, und zwar in Form der Anfangsbuchstaben des geliebten Menschen.

Die Liebe wird in dem Maße wachsen, wie die Samen keimen. Gießen Sie die Samen also regelmäßig und stellen Sie den Topf an einen warmen, hellen Ort.

Den Anruf eines Geliebten bewirken

Dies ist der richtige Zauber, wenn Sie sich mit Ihrem Geliebten gestritten haben und sich nun wünschen, daß er den ersten Schritt zu einer Versöhnung macht. Er wird aus heiterem Himmel anrufen, schreiben oder wieder auftauchen. Aber Sie brauchen ein Foto von ihm.

Am besten beginnen Sie mit dem Zauber bei zunehmendem Mond. Wenn Sie jedoch nicht so lange warten können, versuchen Sie es vorher.

Nehmen Sie ein Foto des geliebten Menschen und ein Foto von sich selbst. Legen Sie die Fotos aufeinander und halten Sie sie mit einer Büroklammer zusammen. Dabei muß Gesicht auf Gesicht liegen. Dahinter steckt die Vorstellung, daß die Person, mit der Sie in Kontakt treten wollen, nicht hinter Ihr Gesicht schauen kann.

Legen Sie die Fotos ganz unten in die Schublade mit Ihrer Unterwäsche und lassen Sie sie dort liegen. Die entsprechende Person sollte sehr bald von sich hören lassen.

Einen Partner romantisch verzaubern

Dieser Zauber dient dazu, einem Geliebten näherzukommen oder das eigene Leben mit Liebe zu erfüllen. Er sollte in einer Neumondnacht angewendet werden.

Nehmen Sie einen Salz- und einen Pfefferstreuer, von denen der eine das weibliche, der andere das männliche Prinzip repräsentieren soll.

Binden Sie den weiblichen Gegenstand an das eine Ende eines rosafarbenen Bandes, den männlichen an das andere Ende. Lassen Sie ungefähr dreißig Zentimeter Band dazwischen.

Öffnen Sie jeden Morgen die Knoten und schieben Sie die Gegenstände ein wenig näher zueinander, bevor Sie sie wieder festbinden.

Am Ende berühren sich die beiden Streuer. Lassen Sie sie sieben Tage lang zusammengebunden und lösen Sie dann die Knoten. Zu diesem Zeitpunkt sollte die Liebe in Ihr Leben getreten oder Ihr Partner Ihnen näher gekommen sein.

Die geliebte Person näher an sich binden

Hierfür brauchen Sie aus einem Päckchen Tarot-Karten die Karten der Großen Arkana, also 22 Karten von 0 bis 21.

Nehmen Sie aus der Großen Arkana die Karte heraus, die das astrologische Geburtszeichen der Person zeigt, deren Liebe Sie festigen wollen. Nehmen Sie außerdem die Karte heraus, die Ihr eigenes Sternzeichen zeigt. Falls Sie beide dasselbe Zeichen haben, müssen Sie die Karte fotokopieren oder eine zweite besorgen.

Widder	21. 3. – 20. 4.	Der Herrscher IV
Stier	21. 4. – 20. 5.	Der Hohepriester V
Zwillinge	21. 5. – 21. 6.	Die Liebenden VI
Krebs	22. 6. – 23. 7.	Der Wagen VII
Löwe	24. 7. – 23. 8.	Die Kraft VIII
Jungfrau	24. 8. – 23. 9.	Der Eremit IX
Waage	24. 9. – 22. 10.	Die Gerechtigkeit XI
Skorpion	23. 10. – 22. 11.	Der Tod XIII
Schütze	23. 11. – 22. 12.	Die Mäßigkeit XIV
Steinbock	23. 12. – 20. 1.	Der Teufel XV
Wassermann	21. 1. – 19. 2.	Der Stern XVII
Fische	20. 2. – 20. 3.	Der Mond XVIII

LIEBE

Nehmen Sie ein Haar vom Kopf der geliebten Person, vielleicht aus seinem Kamm, und ein Haar von sich selbst. Knoten Sie die Haare mit drei Knoten zusammen und legen Sie sie zwischen die beiden Karten, die mit dem Bild einander zugewandt liegen.

Tragen Sie die Karten in Ihrer Handtasche, Ihrem Aktenkoffer oder Ihrem Portemonnaie mit sich, so daß Sie sie häufig berühren können.

Wenn Sie glauben, daß die Zauberformel gewirkt hat, legen Sie die Karten zu den anderen zurück und verbrennen die Haare.

Einen Geliebten festhalten

Basteln Sie zwei Lumpenpuppen, füllen Sie sie mit Blütenblättern der Rose sowie duftenden Ölen z. B. von Rose und Apfel, die beide von der Venus regiert werden.

Nähen Sie Porträtfotos von sich und dem Geliebten auf die Puppen auf. Binden Sie sie mit einem roten Band zusammen und beten Sie, daß sie zusammenbleiben.

Hüllen Sie sie in ein Kleidungsstück von sich und dem Geliebten und legen Sie die Puppen in eine Schublade oder an einen anderen sicheren Ort.

Die Liebe eines Mannes gewinnen

Sie haben jemanden kennengelernt und möchten, daß Ihre Liebe zu ihm erwidert wird.

Zünden Sie an einem Freitag – dieser Tag wird von der Venus regiert – eine rosafarbene, eine blaue und eine goldene Kerze an. Legen Sie ein Hufeisen und einen Schlüssel rechts und links neben die Kerzen. Bei dem Hufeisen und dem Schlüssel kann es sich um Dekorationsgegenstände handeln, wie man sie zum Verzieren von Kuchen verwendet.

Der Schlüssel steht für den Schlüssel zu Ihrem Herzen und das Hufeisen für Glück in der Liebe.

Nehmen Sie zwei Rosen. Sie symbolisieren Sie und den Geliebten. Wickeln Sie die Rosen, den Schlüssel und das Hufeisen in ein Tuch, das dem Geliebten gehört. Wenn Sie ein solches Tuch nicht besitzen, nehmen Sie einen Seidenschal, den Sie selbst getragen haben.

Legen Sie alles in die Schublade Ihres Nachttisches und lassen Sie es dort zwei Wochen lang liegen, ohne es zu berühren. Wenn die Rosen, nachdem Sie sie aus dem Tuch genommen haben, immer noch recht frisch sind, ist das sehr vielversprechend. Legen Sie dann die Blütenblätter in eine Duftschale oder vergraben Sie die Rosen. Das Hufeisen und den Schlüssel können Sie als Glücksbringer behalten.

An einer Liebe festhalten

Nehmen Sie Modelliermasse oder Plastilin und formen Sie daraus Figuren von sich und dem geliebten Menschen. Kleben Sie eine Haarsträhne von sich auf den Kopf der Puppe, die Sie darstellen soll, und eine Haarsträhne der geliebten Person auf den Kopf der Puppe, die sie symbolisiert.

Fügen Sie die Puppen zu einer innigen Umarmung zusammen. Dann verkneten Sie die beiden Puppen zu einer Masse und formen daraus erneut zwei Puppen, eine für sich selbst, eine für den Geliebten.

Jetzt sind Sie ein Teil des geliebten Menschen, und er ist ein Teil von Ihnen.

Fügen Sie die beiden Puppen wieder so zusammen, daß sie sich umarmen, und wickeln Sie sie in ein frisches Taschentuch, das einen rosafarbenen Rand oder Streifen hat. Verstecken Sie das Päckchen an einem geheimen Ort, wo es niemand finden kann.

Den Geliebten zur Rückkehr b

Um einen Geliebten zur Rückkehr zu bewegen, brau̯
tel neue Stecknadeln, eine Zwiebel – und Ihre kon;
Denn wenn Ihre Gedanken abschweifen, werden Sie

An einem Freitagabend stecken Sie eine Nadel in ɯɪɐ ʒ̄ᵥᵢₑᵦₑᵣ
len sich vor, damit einen Gedanken in den Kopf des Geliebten zu prak-
tizieren. Sagen Sie dazu laut:

> «Nicht in diese Zwiebel will ich stechen,
> sondern in Deine Gedanken und in Dein Herz.
> Tag und Nacht gedenke meiner.
> Komm zurück und sag: Ich liebe Dich!»

Lassen Sie die Zwiebel in der Sonne liegen, damit sie Erleuchtung bringen
kann.

Dieser Zauber muß sieben Tage wiederholt werden, möglichst immer zur
gleichen Zeit am Abend. Wenn sieben Nadeln in der Zwiebel stecken, ist
der Zauberbann wirksam. Die Zwiebel kann man dann in den Garten
setzen.

Sich wieder versöhnen

Sie liegen im Streit mit einer engen Freundin oder einem engen Freund, und die Schuld dafür liegt beim anderen. Sie wollen, daß der das einsieht und das Vergangene vergangen sein läßt.

Stecken Sie eine neue Stecknadel mit einem blauen Kopf in eine Blumenzwiebel und stellen Sie sich dabei vor, Sie pflanzten den Gedanken ein, der andere würde Kontakt mit Ihnen aufnehmen. Der Gedanke, den Sie so säen, wird im Geist der Freundin oder des Freundes Wurzeln schlagen.

Graben Sie die Zwiebel in einem Topf, einem Blumenkasten oder im Garten ein. So wie die Zwiebel wächst und schließlich Blüten trägt, so wird auch Ihre Freundin oder Ihr Freund immer häufiger und mit immer positiveren Gefühlen an Sie denken, bis sie oder er dann schließlich zu Ihnen zurückkommt.

Glückliche Tage erwarten Sie.

Den Geliebten zur Rückkehr bewegen

Pflücken Sie am Vorabend des Mittsommertages fünf Rosen. Vergraben Sie eine davon um Mitternacht unter einer Eibe. Legen Sie die zweite vor ein Kirchentor, die dritte an eine Weggabelung, so daß sie mit der Blüte auf Ihr Haus weist. Die vierte legen Sie neben fließendes Wasser. Die fünfte Rose sollten Sie drei Nächte lang unter Ihr Kopfkissen legen und danach vergraben.

Den Geliebten zurückgewinnen

Die Aufmerksamkeit Ihres Geliebten gilt nicht mehr Ihnen. Aber noch ist die Situation nicht hoffnungslos.

Warten Sie bis Freitag, denn der Freitag wird von der Göttin Venus regiert.

Schreiben Sie Ihren Vornamen und den Nachnamen Ihres Geliebten mit Ihrem Lieblingsstift auf ein weißes Blatt Papier und zeichnen Sie einen rechteckigen Rahmen darum.

Schließen Sie die Augen und sprechen Sie laut: «Unser Schicksal ist besiegelt. Wir sind eins.»

Schneiden Sie das Rechteck aus und legen Sie es in Ihren Kopfkissenbezug oder zwischen Ihre intimsten Besitztümer. Ihr Geliebter wird zu Ihnen zurückkehren.

Einen geliebten Menschen festh

Es hat den Anschein, als widme Ihnen Ihr Partner nicht
merksamkeit wie früher. Er ruft nicht mehr an, obwohl
hat, und er bemüht sich anscheinend auch nicht mehr um Ihre Gunst.

Nehmen Sie ein Foto Ihres Partners und eine Quarz- oder Kristallkugel.
Haben Sie keine, benutzen Sie eine Lupe.

Halten Sie die Kugel oder Lupe über sein Gesicht, was seine Gesichtszüge vergrößert: Augen und Mund scheinen sich zu bewegen und leben-
dig zu werden.

Sagen Sie der Person auf dem Foto, was Sie von ihr erwarten.

Er oder sie wird die Nachricht erhalten und darauf reagieren.

Ein gebrochenes Herz heilen

Nehmen Sie einige Lorbeerblätter, eine Flasche und eine Tasse mit zu einem Bach, einem Fluß oder einer Quelle.

Setzen Sie sich ganz still hin, weinen Sie ruhig, wenn Ihnen danach ist, und stellen Sie sich vor, wie Ihr Schmerz langsam abwärts davonschwimmt.

Wenn Sie Ihre Gelassenheit wiedergefunden haben, füllen Sie die Tasse mit Wasser und legen Sie ein oder zwei Lorbeerblätter hinein. Öffnen Sie Ihre Kleidung und spritzen Sie ein wenig von diesem Trank auf Ihr Herz. Dann sprechen Sie laut:

«Dieses Wasser des Lebens wird das Leid aus meinem Herzen waschen.
Mit diesen Kräutern werden meine Schmerzen gelindert.
Ich bin wieder glücklich.»

Werfen Sie die Lorbeerblätter in das fließende Wasser, füllen Sie die Flasche und nehmen Sie sie mit nach Hause. Legen Sie einige frische Lorbeerblätter in eine Tasse, gießen Sie von dem Wasser darauf und stellen Sie die Tasse neben Ihr Bett. Lassen Sie die Tasse drei Nächte dort stehen, und am Morgen des dritten Tages wird Ihr Leid vorüber sein.

Alte Liebe löschen

Es war eine wunderschöne Zeit, aber leider ist die Flamme der Liebe erloschen.

Wenn Ihre frühere Liebe das doch nur akzeptieren würde! Geschehen wird das, wenn Sie den Namen auf ein weißes Blatt Papier schreiben. Dabei stellen Sie sich ein Leben vor, in dem Sie sich nur noch als Freunde begegnen.

Falten Sie das Blatt Papier nun so oft zusammen, wie Sie können, stecken Sie es in einen Briefumschlag und verstecken Sie diesen in der Ecke einer Schublade, wo ihn niemand findet.

Wenn Sie sicher sind, daß der Zauber gewirkt hat, müssen Sie das Papier auf jeden Fall verbrennen. Nun werden Sie Ihre Ruhe haben.

Sich von einem ungeliebten Menschen befreien

Damit dieser Zauberspruch wirkt, benötigen Sie ein Kleidungsstück des Menschen, der Sie mit seiner Liebe verfolgt.

Schneiden Sie ein viereckiges Stück heraus, und zwar so groß, daß Sie seinen Namen darauf schreiben können.

Zünden Sie in einer Vollmondnacht eine rosafarbene Kerze an und schreiben Sie den Namen des Menschen, der sie so hartnäckig begehrt, auf das Stück Stoff. Kreide eignet sich dazu besonders gut.

Wünschen Sie diesem Menschen alles Gute, verbrennen Sie dann den Stoff mit dem Namen über der Kerze und sprechen Sie dabei die folgenden Worte: «Dieses Licht wird all die flammende Leidenschaft verbrennen, die (Name des Betreffenden) für mich empfindet. Er ist nicht mehr da, ich bin frei.»

Die Kerze muß ganz herunterbrennen, bis sie von selbst erlischt.

Um den Zauberspruch zu vollenden, sollte der Kerzenstumpf mit dem Rest des Kleidungsstücks, aus dem Sie das viereckige Stück ausgeschnitten haben, vergraben oder verbrannt werden.

Die richtige Entscheidung treffer

Sie stehen zwischen zwei Menschen, die Sie lieben, und müsse
die richtige Entscheidung treffen. Dabei kann Zauberkraft Ihnen helfen.

Nehmen Sie zwei Tulpenzwiebeln und kratzen Sie in die eine Zwiebel
die Initialen des einen Verehrers, in die andere Zwiebel die Initialen des
anderen.

Merken Sie sich, welche Zwiebel welchen Geliebten symbolisiert, und
pflanzen Sie die beiden Zwiebeln nebeneinander in einen Topf, einen Blumenkasten oder in den Garten.

Die Zwiebel, die zuerst treibt, wird Ihnen sagen, welcher der beiden
Bewunderer Sie am meisten verdient.

Eine Konkurrenz verschwinden lassen

Die Anwendung dieses Zaubers ist sinnvoll, wenn Ihr Partner eine Affäre hat. Er dient aber auch dazu, sich selbst oder jemand anderen von einem schlechten Partner zu befreien.

Dazu benötigen Sie ein Foto von ihm und von ihr. Wenn Sie ein Bild haben, auf dem die beiden zusammen zu sehen sind, schneiden Sie es mit einer Schere auseinander.

Formen Sie aus Plastilin zwei Puppen, die die beiden darstellen.

Schneiden Sie die beiden Personen aus dem Foto aus und legen Sie das Foto von ihm auf die männliche, das von ihr auf die weibliche Puppe. Legen Sie die weibliche Puppe zum Schutz ins Wasser und vergraben Sie die männliche Puppe in der Erde, so daß sie die weibliche Puppe nicht sehen kann.

Der Zauber läßt den Mann verschwinden. Wenn Sie aber eine Frau verschwinden lassen wollen, legen Sie die männliche Puppe ins Wasser und vergraben die weibliche Puppe in der Erde.

Sie sollten dabei aber keine bösen Gedanken haben. Denn böse Gedanken kommen siebenfach zu Ihnen zurück.

Eine zerbrechende Ehe retten

Knacken Sie eine Walnuß in zwei Hälften. Suchen Sie eine Eichel für die Frau und eine Roßkastanie für den Mann. Graben Sie alles im Garten oder einem Topf voll Erde ein: Die Walnußhälften müssen in östlicher Richtung liegen. Sie symbolisieren Wandlung und einen neuen Anfang. Die Eichel legen Sie auf die eine Walnußhälfte, die Roßkastanie auf die andere.

Eine Scheidung verhindern

Für einen Zauber, um eine zerbrochene Ehe zu retten und ein Paar wieder zusammenzubringen, braucht man nichts weiter als einen Apfel, das Gefühl echter Liebe und die feste Entschlossenheit, die Ehe aufrechtzuerhalten.

Der Vorteil bei diesem Zauber liegt darin, daß bereits eine Verbindung existiert. Also gilt es nur, diese Verbindung zu stärken oder Brücken zu bauen.

Kaufen Sie einen vollkommen aussehenden Apfel. Wenn Sommer oder Herbst ist, pflücken Sie selbst einen, denn ein Apfel, den man selbst pflückt, hat mehr Lebenskraft als eine gekaufte Frucht. Wenn Ihnen jemand zufällig einen Apfel schenkt, verbirgt sich dahinter die Botschaft, daß Sie eine zweite Chance erhalten oder daß es nur noch eine einzige Chance gibt, den Riß zu kitten.

Schneiden Sie den Apfel in zwei Hälften. Es gilt als gutes Omen, wenn die Kerne dabei nicht durchschnitten werden. Machen Sie sich aber keine Gedanken, wenn es trotzdem passiert.

Schreiben Sie Ihren Vornamen und Nachnamen auf ein weißes Blatt Papier, daneben den des Partners.

Schneiden Sie die Namen so aus, daß sie zwischen die zwei Apfelhälften passen. Legen Sie die Namen zwischen die beiden Hälften und stellen Sie sich dabei vor, daß die Verbindung gerettet wird.

Stecken Sie die beiden Apfelhälften mit zwei langen Nadeln zusammen, und zwar einmal diagonal von rechts nach links und einmal von links nach rechts.

Während Sie die Nadeln anbringen, senden Sie Ihrem Partner all Ihre Liebe und bitten darum, daß er Ihre Liebe erwidert.

Legen Sie den Apfel in den Backofen und backen Sie ihn, bis er wieder ein Ganzes zu sein scheint.

Wenn Sie Ihren Partner dazu bringen können, von dem gebackenen Apfel zu essen, verstärkt das den Zauber.

Wenn sich eine Scheidung abzeichnet, die Sie nicht wollen, und wenn Sie sich wünschen, daß Ihr Partner zu Ihnen zurückkehrt, zünden Sie eine dunkelrote Kerze an. Stechen Sie von rechts nach links mit einer Nadel hinein, so daß die Nadelspitze auf der linken Seite der Kerze herausschaut.

Stecken Sie dann eine Stecknadel mit einem blauen Kopf von links nach rechts in die Kerze. Mit der Nadelspitze versuchen Sie im übertragenen Sinn, den symbolischen Weg Ihres Partners zu kreuzen. Lassen Sie die Kerze herunterbrennen und von selbst erlöschen. Danach vergraben Sie die Nadeln.

Nehmen Sie einen Schuh Ihres Partners, der Sie verlassen will, mit an einen Fluß. Schreiben Sie Ihren Wunsch auf den Schuh und werfen Sie den Schuh in den Fluß. Auf diese Weise werden auch Ihre Probleme als Paar davongeschwemmt.

ʒm abwesenden Partner sprechen

‚oto von Ihrem Partner und schauen Sie ihm in die Augen. Kristallkugel, eine Lupe oder einen Aschenbecher aus Glas ...ekt über das Foto halten, können Sie noch tiefer in seine Augen und in seine Gedanken schauen.

Sprechen Sie direkt zu dem Foto oder durch den Gegenstand, mit dem Sie die Gesichtszüge in Vergrößerung betrachten. Augen, Mund und Gesichtszüge werden so aussehen, als bewegten sie sich und Sie würden sich mit dem Partner von Angesicht zu Angesicht unterhalten. Jetzt ist die Kommunikation hergestellt.

Sagen Sie dem Partner, was Sie sich von ihm wünschen, oder fragen Sie ihn etwas, und er wird Ihnen durch Gedankenübertragung antworten. Die Antwort wird mit Worten in Ihren Geist eindringen.

Blasen Sie die Kerze aus und wedeln Sie mit dem Foto von Norden nach Süden und von Westen nach Osten durch den Kerzenrauch. Legen Sie das Foto dorthin zurück, wo Sie es normalerweise aufbewahren.

Prophezeiungen in der Liebe

Um den Anfangsbuchstaben des Vornamens Ihres künftigen Pa[rtners]
auszusagen, schälen Sie einen Apfel so, daß die Schale dabei nicht abbricht.
Nehmen Sie die Schale in die Hand und sprechen Sie folgende Worte:

> «Heiliger Simon und heiliger Judas,
> ich bitte euch inständig,
> sagt mir den ersten Buchstaben
> des Namens meiner großen Liebe.»

Drehen Sie sich dreimal gegen den Uhrzeigersinn und werfen Sie danach
die Apfelschale über Ihre linke Schulter. Es heißt, sie fällt in der Form des
gewünschten Anfangsbuchstabens auf den Boden.

Es gibt auch den Brauch, die Schale innen an einer Tür aufzuhängen. Der
Name desjenigen, der als erster eintritt, beginnt mit demselben Buchsta-
ben wie der Name Ihres zukünftigen Partners.

LIEBE

Geben Sie einem Apfelkern den Namen Ihres Geliebten.

Werfen Sie ihn ins Feuer. Wenn er platzt, bedeutet das, daß dieser Mensch Sie liebt. Wenn er lautlos verbrennt, ist es wahrscheinlich keine echte Liebe.

Will man erfahren, ob ein Paar heiraten wird, legt man zwei Apfelkerne in ein Feuer. Wenn die beiden Kerne zusammen in eine Richtung springen, wird es zu einer Hochzeit kommen.

Springen die Kerne in verschiedene Richtungen, so werden sich auch die Wege des Paares trennen.

Verbrennen die beiden Kerne lautlos, wird niemals ein Heiratsantrag erfolgen.

Aberglaube in der Liebe

Der Volksglaube sagt, es bringe Unglück, wenn man einem Ehepaar ein Messer schenkt. Es bedeutet, daß die Liebe der beiden zerschnitten wird.

Auch Scheren und andere Schneidewerkzeuge kündigen Unheil an. Der Empfänger kann aber gegen das drohende Unheil angehen, wenn er demjenigen, der ihm den scharfen Gegenstand schenkt, eine Münze gibt.

Es bringt Unglück, wenn man ein Messer findet. Wer es findet, sollte es nicht aufheben.

Läßt man ein Messer fallen, so heißt dies, daß man Besuch von einem Mann bekommen wird. Läßt man einen Löffel fallen, kommt eine Frau; fällt eine Gabel herunter, kommt ein Narr.

Ein Zeichen für Glück in der Liebe ist, wenn man ein rotes Band, einen roten Stoffetzen oder rote Wolle findet. Wer so etwas findet, sollte es aufheben und sich dabei etwas wünschen, was mit dem geliebten Menschen zu tun hat. Ist man noch allein, wird man sehr bald seiner großen Liebe begegnen. Auf jeden Fall sollte man dieses Stück Stoff, Band oder Wolle als Liebesamulett behalten.

Es bringt Unglück, in der Fastenzeit zu heiraten. «Heirate in der Fastenzeit, und du wirst es bereuen.»

Sehr großes Unglück bringt es, wenn der Bräutigam in der Kirche über die Schulter den Gang hinunter schaut, den die Braut gerade entlang schreitet. Es bedeutet, daß er immer mit einem Blick des Bedauerns in die Vergangenheit schauen wird.

Zigeunerliebe

Nach dem Glauben der Zigeuner wird man große Liebe erfahren und sehr reich werden, wenn man bei Vollmond heiratet. Hält ein Paar bei zunehmendem Mond Hochzeit, kann es mehr Wohlstand erwarten als bei abnehmendem Mond.

> Reichtum am Montag,
> Gesundheit am Dienstag,
> Mittwoch, der beste Tag von allen,
> am Donnerstag Verluste,
> am Freitag Kreuze,
> und am Samstag überhaupt kein Glück.

Bei den Zigeunern gibt es den Brauch, daß ein Mann, der das Herz eines Mädchens gewinnen möchte, ihren Schuh über sein Bett hängt, nachdem er ihn mit den bitter riechenden Blättern der Gartenraute gefüllt hat.

Es gilt als gutes Omen für die Liebe, wenn man eine Ranke oder Triebe eines Weidenbaumes findet, in denen sich natürliche Knoten gebildet haben. Die Zigeuner glauben, daß gute Feen diese Knoten geflochten haben. Löst man einen solchen Knoten, hat man kein Glück mehr.

Diese Knoten werden als wertvolle Liebesamulette betrachtet. Ihre Zauberkraft ist so stark, daß man auf ewig unzertrennlich bleibt, wenn man sie unter das Kopfkissen des Menschen legt, den man liebt.

Liebesrezepte der Zigeuner

Ätherische Öle eignen sich in Zauberformeln dazu, stärkere Schwingungen zu erzeugen. Die folgenden Rezepte verwendet man zum Behandeln von Kerzen und Dingen wie z. B. Püppchen und Figuren aus Knetmasse. Die hier aufgeführten Rezepte eignen sich nicht für die Haut oder als Badezusatz.

Um eine Kerze zu präparieren, reibt man sie mit einigen Tropfen Öl ein, von unten nach oben, was Richtung Nordpol bedeutet, und von der Mitte nach unten, was für Südpol steht.
    Es heißt, daß die Schwingungen der Person, die die Kerze behandelt, auf die Kerze übertragen werden, wodurch der Zauber persönlicher wird und mehr Kraft entwickelt.

Liebesöl	5 Tropfen Rosenholzöl
	5 Tropfen Rosmarinöl
	3 Tropfen Mandarinenöl
	3 Tropfen Zitronenöl

Dieses Liebesöl dient dazu, harmonische Schwingungen zu erzeugen, um eine Beziehung zu vertiefen. Reiben Sie eine Kerze mit dem Liebesöl ein und entzünden Sie sie eine halbe Stunde vor der Verabredung mit dem Geliebten.

LIEBE

Hochzeitsöl   2 Tropfen Weihrauchöl
                    3 Tropfen Zypressenöl
                    2 Tropfen Sandelholzöl

Hochzeitsöl soll eine Ehe stärken, ob diese Verbindung nu[...]
es Probleme gibt. Man kann es auch dazu verwenden, ei[...]
Richtung Ehe zu lenken.

Zünden Sie einfach eine mit Hochzeitsöl behandelte, rosa- oder flieder-
farbene Kerze an, wenn Sie mit Ihrem Partner zusammen sind.

Öl des Verlangens   3 Tropfen Lavendelöl
                        3 Tropfen Orangenöl
                        1 Tropfen Zitronenöl

Man sagt, das Öl des Verlangens wecke im anderen die Sehnsucht nach
Ihnen. Vielleicht verspürt er dieses Verlangen schon seit einiger Zeit,
braucht aber eine kleine Aufmunterung. Dafür empfiehlt sich eine rote,
orange, rosafarbene, blaue oder weiße Kerze. Reiben Sie sie mit dem Öl ein
und zünden Sie sie an, wenn Sie mit Ihrem Partner zusammen sind.

Wenn Sie jemanden lieben, der Ihre Gefühle nicht erwidert, zünden Sie
eine mit dem Öl des Verlangens behandelte Kerze an. Sprechen Sie seinen
Namen, wenn Sie die Kerze anzünden, und lassen Sie sie zwei Stunden
lang brennen, bevor Sie sie ausblasen. Wiederholen Sie dies jeden Tag, bis
er auf Ihre Wünsche reagiert.

Alte Liebes- und Eheriten der Zigeuner

Wenn ein Zigeuner um ein Mädchen warb, gab er ihr sein Halstuch. Trug sie das Tuch, wußte er, daß sie ihn liebte und er ihr einen Heiratsantrag machen konnte.

Ein Hochzeitsbrauch war es, «über den Besenstiel» zu springen. Der Besenstiel wurde dabei von einem Zweig des blühenden gelben Stechginsters symbolisiert, den man in der Heide oder im Wald abgeschnitten hatte. Wenn es keinen Ginster gab, der nur im Frühling und im Sommer blüht, nahm man Birke oder Heidekraut, die beide für Fruchtbarkeit stehen.

Die Braut flocht Zöpfe aus Haaren des Paares und machte am Ende des Zopfes einen Liebesknoten, der aussieht wie eine doppelte Acht. Die so entstandenen Ringformen symbolisierten einen immerwährenden Liebesknoten, der auch den Tod übersteht, also einen perfekten Ehering. Erst nach den Flitterwochen kaufte und trug man einen goldenen Ring. Manchmal nahm man für den Liebesknoten auch Binsen statt Haare.

Die Hochzeitsgesellschaft tanzte und sang an einem Feuer aus Ginsterbüschen oder Birkenholz. Der Hochzeitstrunk war selbst gemachter Wein oder Apfelwein.

Der Besen für den jungen Haushalt bestand aus Ginster, Birkenzweigen oder Heidekraut. Der Mann band ihn und schenkte ihn seiner Braut zur Hochzeit. Er sollte alles Schlechte aus dem Eheleben hinausfegen.

Die anderen Männer bauten unter einer Birke eine Laube, in der das Paar sich nach der Hochzeit lieben konnte. Die Frauen dekorierten sie und machten sie wohnlich.

LIEBE

Um dem Paar Liebe, Glück, Gesundheit und Wohlstand zu wünschen, brachen die Zigeuner Brot über den Köpfen von Braut und Bräutigam. Das Brot wurde aus einer Mischung von Mehl oder Trockenfrüchten und einem Tropfen Blut vom Ringfinger von Mann und Frau gebacken.

Früher mußte der Bräutigam vor der Heirat erst ein Jahr lang mit der Familie der Braut «fahren», um zu beweisen, daß er sich in die Familie einzufügen verstand und seine Braut ernähren konnte. Als weiteren Test mußte er Pflöcke aus Haselnußholz schnitzen, fähig sein, einen Wagen zu bauen, zu fahren und zu reparieren und ein Pferd ohne Sattel zu reiten.

Die heutigen Prüfungen mögen vielleicht einfacher sein, bestimmt aber kostspieliger!

FAMILIE UND KINDER

Damit die Familie zusammenbleibt

Kaufen Sie so viele Krokuszwiebeln, wie die Familie Mitglieder hat.

Füllen Sie Erde in einen Topf, den Ihre Familie häufig benutzt hat.

Pflanzen Sie die Krokuszwiebeln so hinein, daß sie einen geschlossenen Kreis bilden. Dabei konzentrieren Sie sich mit Ihrem Gefühl der Liebe nacheinander auf jedes einzelne Mitglied Ihrer Familie.

Stellen Sie den Topf an einen Ort, wo die Familie ihn sieht, aber schützen Sie ihn gegen neugierige Blicke und die Hände von Fremden.

So, wie die Zwiebeln ausschlagen, sprießt auch die Liebe der Mitglieder Ihrer Familie füreinander und bildet ein festes Gefüge. Ihr Familienleben wird blühen und wachsen wie die Krokusse.

Der Zauber wächst in gleichem Maße wie die Krokusse – hält aber länger!

Kinderwunsch

Nehmen Sie Plastilin oder Modelliermasse und formen Sie daraus Figuren von sich selbst und Ihrem Partner. Danach fügen Sie die beiden Puppen wieder zu einer Masse zusammen.

Formen Sie aus der Masse neue Puppen, diesmal drei: von sich selbst, Ihrem Partner und dem Baby, das Sie sich wünschen.

Die drei Puppen müssen sich an den Händen halten. Dann legen Sie sie in ein frisches Taschentuch und binden es mit einem grünen Band zusammen.

Vergraben Sie das Taschentuch in einem Topf, einem Blumenkasten oder im Garten.

Schlafen Sie zwei Nächte vor Vollmond mit Ihrem Partner, am Abend vor Vollmond und in der Vollmondnacht selbst.

Ein Kind zeugen

Die weibliche Menstruation läßt sich mit dem 28-Tage-Zyklus des Mondes vergleichen.

Kaufen Sie ein hohles Osterei aus Pappe, das aus zwei Hälften besteht. Außerdem brauchen Sie eine Puppe, die so klein ist, daß sie in das Ei paßt.

Öffnen Sie das Ei in einer Neumondnacht, legen Sie die Puppe hinein und dann das Ei offen auf die Fensterbank Ihres Schlafzimmerfensters. Schließen Sie das Ei am nächsten Morgen.

Wiederholen Sie dies 28 Abende hintereinander. Wenn Sie Ihren Eisprung haben, wickeln Sie die Puppe in einen Schal und legen Sie sie in eine Schublade, wo niemand sie finden kann.

Machen Sie das Ganze noch einmal, wenn Ihr Eisprung endet.

Einen Sohn zeugen

Wenn Sie Ihren fruchtbarsten Tag im Monat haben, stellen Sie eine rote Rose in eine Vase auf einen Tisch. Zünden Sie eine rote Kerze an. Sie steht als Symbol für Mars, den Herrscher über Stärke und Lebenskraft.

Dann zünden Sie eine grüne Kerze an. Grün steht für Venus, für Liebe und Harmonie. Stellen Sie sie neben die rote Kerze.

Eine gelbe Kerze symbolisiert die Sonne. Stellen Sie sie oberhalb der roten und der grünen auf, so daß alle zusammen ein Dreieck bilden.

Drei ist eine starke Zahl, weil sie für die männlichen Geschlechtsorgane und daher für Manneskraft steht.

Schreiben Sie auf ein Lorbeerblatt: «Ich möchte einen Sohn empfangen.» Es muß ein Lorbeerblatt sein, weil der Lorbeer von der Sonne regiert wird. Legen Sie das Blatt mit der Schrift nach oben zwischen die Kerzen.

Schließen Sie die Augen und stellen sich die Knospe einer roten Rose in Ihrem Schoß vor. Stellen Sie sich vor, wie die Knospe allmählich erblüht.

Öffnen Sie die Augen und stellen Sie sich vor, wie das Kerzenlicht in Ihren Schoß eindringt. Dann schließen Sie die Augen wieder und versuchen, dieses Bild so lange wie möglich vor Ihrem inneren Auge festzuhalten.

Die Kerzen müssen ganz herunterbrennen. Küssen Sie dreimal das Lorbeerblatt und legen Sie es unter Ihr Kopfkissen, wo es während Ihrer fruchtbaren Tage liegenbleiben soll.

Nun brauchen Sie nur noch Ihren Partner, damit der Zauber in Erfüllung geht!

Eine Tochter zeugen

Wenn Sie Ihren fruchtbarsten Tag im Monat erreicht haben, ist der richtige Zeitpunkt gekommen, um diesen Zauber vorzubereiten und auszuführen.

Formen Sie aus Plastilin eine Figur, die Ihrer Meinung nach so aussieht wie Sie, wenn Sie schwanger sind. Schneiden Sie Ihr Gesicht aus einem Foto aus und pressen Sie es auf das Gesicht der Puppe. Machen Sie der Puppe aus Ihrem Haar eine Frisur, die der Ihren ähnelt.

Ziehen Sie dann die Puppe so an, wie Sie sich kleiden, denn die Puppe soll Ihnen so stark wie möglich ähneln.

Wenn die Puppe fertig ist, legen Sie sie auf ein Bett aus frischem Lavendel oder auf einen rosafarbenen Schal, den Sie mit Lavendelöl besprenkeln. Legen Sie das Ganze auf einen Tisch in einem Zimmer, in dem kein elektrisches Licht brennt. Stellen Sie eine rosafarbene Kerze daneben und zünden Sie die Kerze an.

Schreiben Sie auf ein weißes Blatt Papier Ihren Wunsch: «Ich möchte eine Tochter empfangen.» Legen Sie das Blatt Papier unter den Lavendel oder den Schal. Lavendel zieht die Liebe an. Er wird von Merkur regiert, und sein Element ist die Luft.

Wickeln Sie das Papier um die Puppe und binden Sie ein gelbes Band darum.

Legen Sie die Puppe neben Ihr Kopfkissen oder in die Schublade Ihres Nachttisches und fügen Sie ein Stückchen Quarzkristall und einen Mondstein dazu. Quarz wird manchmal auch «heiliges Feuer» genannt, weil er die Strahlen und die Energie der Sonne, eine männliche Kraft, verstärkt.

FAMILIE UND KINDER

Mondstein wird vom Mond beherrscht und ist ein weiblicher, gefühlsbetonter Stein. Seine Natur und seine Aura stärken die Gesundheit und sagen etwas über die Zukunft aus. Wie die Frau, so verändert sich auch der Stein mit dem Mond: Bei zunehmendem Mond überträgt er Energie auf die Gesundheit, nimmt der Mond ab, verleiht er Wünschen Kraft.

Das Geschlecht eines Babys vorhersagen

Will man wissen, ob das Baby ein Mädchen oder ein Junge ist, muß man an einen Ort gehen, an dem rote und weiße Rosen wachsen.

Man führt die schwangere Frau, die die Augen geschlossen hält, zu den Rosenbüschen, wo sie dann siebenmal gegen den Uhrzeigersinn im Kreis geht, bis sie, immer noch mit geschlossenen Augen, auf die Rosen zugeht.

Ist die Rose, die sie pflückt, weiß, wird es eine Tochter, ist sie rot, wird es ein Sohn.

Noch bekannter ist die Pendelmethode. Dazu benutzt man einen Ring und einen Baumwollfaden oder ein menschliches Haar.

Man hält das Pendel über den Leib der Mutter und bittet es, sich im Uhrzeigersinn zu drehen, wenn es ein Junge ist, entgegengesetzt, wenn es ein Mädchen ist.

Folgsame Kinder

Wenn man die Finger kreuzt und unter einer Birke einen Wunsch ausspricht, bringt das Glück, und der Wunsch geht in Erfüllung.

Die Birke, von der Venus regiert, soll auch die Beziehungen zwischen Eltern und Kindern liebevoll beeinflussen.

Nehmen Sie Ihr Kind oder Ihre Kinder mit zu einer Birke. Mit geschlossenen Augen und gekreuzten Fingern sollen sie wünschen, gute Kinder zu sein und ihren Eltern zu folgen.

Egoistische Kinder

Um ein Kind dahingehend zu beeinflussen, daß es weniger ichbezogen ist und auch an Eltern und Familie denkt, nehmen Sie Zwiebeln der Narzisse und der Hyazinthe. Die Narzisse steht für das Kind, die Hyazinthe für die Eltern. Feste Zwiebeln sind dafür am besten geeignet. Außerdem brauchen Sie eine Glasschüssel und Kieselsteine.

In der griechischen Mythologie war Narziß ein wunderschöner junger Mann, der die Liebe der Nymphe Echo entfachte. Er verlor sein Herz aber an sein eigenes Echo, nämlich an sein schönes Spiegelbild, das er in einem Teich erblickte. Die Götter hatten Mitleid mit ihm und verwandelten ihn in eine Blume, die nun seinen Namen trägt.

Zunächst sollte die ganze Familie einen Spaziergang machen und dabei Steine oder Kiesel sammeln. Sie brauchen genügend Steine, um die Glasschüssel zur Hälfte zu füllen.

Waschen Sie die Kiesel, bis sie absolut frei von Schlamm oder Sand sind. Legen Sie sie in die Glasschüssel und die Blumenzwiebeln obendrauf. Füllen Sie die Schüssel mit Wasser auf und sprechen Sie Ihren Wunsch aus.

Stellen Sie die Schüssel auf ein Fenstersims und beobachten Sie, wie das Verhalten Ihres Kindes oder Ihrer Kinder mit der Zeit immer rücksichtsvoller und liebevoller wird. Wenn die Zwiebeln zu blühen beginnen, binden Sie ein blaues Band darum, um Ihrer Familie heilende Kräfte zu senden.

Aus rivalisierenden Geschwistern
Freunde machen

Nehmen Sie einen Weizenhalm als Symbol für jeden zankenden Sohn und Haferstroh als Symbol für jede streitlustige Tochter.

Weichen Sie die Halme ein, bis sie weich und biegsam sind. Drehen, flechten, verweben oder binden Sie sie zusammen, je nachdem, wie viele einzelne Halme Sie haben. Binden Sie sie dann zu einem Kranz als Symbol dafür, daß die Bindungen nicht durchbrochen werden können.

Werfen Sie den Kranz in einen Bach, einen Fluß oder ins Meer und bitten Sie darum, daß der Zank von der Strömung oder den Gezeiten fortgespült wird.

Geschwisterliebe

Um die Kinder einer Familie einander näherzubringen oder ihre Streitereien zu beenden, schöpfen Sie Wasser aus einem Bach oder Fluß. Bringen Sie es auf einem Feuer aus frischen Zweigen zum Kochen. Schreiben Sie den Namen jedes Kindes auf ein Lorbeerblatt und lassen Sie die Blätter im Wasser köcheln. Bitten Sie Venus, Ihre Kinder zu segnen.

Ritzen Sie mit einer Nadel die Namen der Kinder in eine rosa Kerze und zünden Sie die Kerze an, so daß ihre Flamme über dem Zauber brennen kann.

Nehmen Sie ein rosa, ein blaues und ein grünes Band. Knoten Sie sie zusammen und flechten Sie einen Zopf. Verknoten Sie die Enden und bringen Sie auch in der Mitte einen Knoten an. Der erste Knoten symbolisiert Willen, der zweite Weisheit und der dritte Tatendrang.

Nehmen Sie den Topf vom Feuer, lassen Sie das Wasser abkühlen und nehmen Sie die Blätter heraus. Lassen Sie Feuer und Kerze herunterbrennen.

Vergraben Sie den Zopf im Garten oder in einem unbenutzten Blumentopf, die Lorbeerblätter obendrauf. Streuen Sie Asche aus dem Feuer darüber. Pflanzen Sie einen Rosenbusch oder eine kleine Rose darüber. Die Rose ist eine kraftvolle Zutat für jeden Liebeszauber. Seit uralten Zeiten betrachtet man sie auch als Symbol der Ruhe.

Je größer die Rose wird, um so stärker wird das Band zwischen Ihren Kindern werden. Dieser Zauberbann wirkt auch gut, wenn Kinder aus zwei verschiedenen Ehen zusammenkommen.

Wenn Sohn oder Tochter
das Haus verlassen

Wenn Ihre erwachsenen Kinder das Haus verlassen, wird dieser Zauber dazu beitragen, sie zu beschützen. Dazu brauchen Sie außer viel Liebe eine Schale getrockneter Rosenblätter, frische Rosen oder Rosenöl. Rosen werden von der Venus, dem Planeten der Liebe, regiert.

Um eine geistige Verbindung herzustellen, machen Sie eine kleine Puppe, die aussieht wie Ihr Kind. Wenn Sie viel für Ihre Kinder stricken, sollten Sie eine Puppe stricken. Wenn Sie eher nähen, sollten Sie eine nähen; machen sie keines von beidem, verwenden Sie Plastilin.

Nehmen Sie für jede Puppe Dinge aus dem Besitz Ihres Kindes, wie zum Beispiel Kleiderfetzen oder Haar. Plazieren Sie außerdem einige Haare Ihres Kindes in die Herzgegend der Puppe. Richten Sie die Puppe so her, daß ihre Frisur und Kleidung der Ihres Kindes entspricht.

Zünden Sie in einem dunklen Zimmer eine rosafarbene Kerze für die Liebe an und stellen oder legen Sie die Puppe davor. Streuen Sie getrocknete Rosenblätter auf die Puppe oder besprenkeln Sie sie mit Rosenöl.

Senden Sie Ihre Liebe hinaus zu Sohn oder Tochter. Bitten Sie darum, daß sie Sie besuchen, Ihnen schreiben oder Sie anrufen.

Während die Kerze abbrennt und von selbst erlischt, legen Sie die Puppe in das Bett Ihres Kindes und lassen Sie sie dort eingekuschelt liegen, bis Ihr Kind nach Hause kommt. Wenn Sie für Ihren Zauber getrocknete Rosenblätter verwenden, wickeln Sie die Puppe in einen Schal ein, damit sie von Rosenblättern umgeben bleibt.

Die Liebe der Schwiegermutter gewinnen

Ganz gleich, ob Sie verheiratet sind oder nicht, Ihr Partner ist sicher glücklicher, wenn seine Mutter Sie mag. Sie können die Liebe Ihrer Schwiegermutter gewinnen, indem Sie ihr Ihre Liebe schicken.

Suchen Sie einen Freitagabend bei zunehmendem Mond aus. Nehmen Sie eine rosa Kerze und schreiben Sie Ihren Wunsch darauf. Ihr Wunsch sollte von Herzen kommen und könnte beispielsweise lauten: «[Name der Schwiegermutter], liebe mich.»

Nehmen Sie eine Nadel mit blauem Kopf – dies steht für Heilung – oder mit einem gelben Kopf für Erleuchtung. Stechen Sie zwischen Anfang und Ende Ihrer Botschaft mit der Nadel in die Kerze, so daß die Nadelspitze auf der anderen Seite der Kerze zum Vorschein kommt.

Zünden Sie die Kerze an und stellen Sie sich vor, wie das Licht der Flamme das Herz Ihrer Schwiegermutter erwärmt. Lassen Sie die Kerze herunterbrennen und von selbst erlöschen, die Nadel nehmen Sie heraus.

Jetzt sollten Sie eine Tulpenknolle zur Hand haben, denn Tulpen sollen Risse in Beziehungen heilen und Menschen wieder vereinen. Bestätigen Sie Ihren Wunsch noch einmal, während Sie mit der Nadel in die Knolle stechen. Graben Sie die Knolle dann in einem Topf oder im Garten ein. Die Liebe Ihrer Schwiegermutter für Sie wird mit der Knolle wachsen.

Ein neues Zuhause segnen

Verstreuen Sie Salz oder pflanzen Sie Knoblauch an den Grenzen Ihres Heims.

Beten Sie um einen Kreis aus goldenem Licht zum Schutz und einen Kreis aus blauem Licht für Heilkräfte um Ihr Heim.

Nachbarn, die die Harmonie Ihres Heims mit lauter Musik oder aufdringlicher Alarmbeleuchtung stören, können ganz leicht gezähmt werden. Stellen Sie kleine Spiegel auf Ihre Fenstersimse und richten Sie sie auf das Haus Ihrer Nachbarn aus. Dann senden diese alle schlechten Schwingungen wieder zurück, wenn Sie sagen: «Zurück an den Absender.»

Wenn Sie das ohne Wut und Ärger tun, werden Ihre Nachbarn darauf reagieren, ohne daß sie sich bewußt werden, warum sie plötzlich so rücksichtsvoll zu Ihnen sind.

GESUNDHEIT

GESUNDHEIT

Die Angehörigen des fahrenden Volkes waren unabhängig und mußten sich stets selbst helfen. Sie lernten mit Kräutern, Pflanzen und anderen Heilmitteln umzugehen, um sich im Falle einer Krankheit oder Verletzung selbst behandeln zu können.

Sie waren immer schon davon überzeugt, daß viele Krankheiten im Geist entstehen. Überzeugt zu denken, man sei gesund, hilft, gesund zu sein, ist ihr Gesundheitsmotto.

Wenn eine Mutter zu ihrem Kind, das sich den Kopf gestoßen oder in den Finger geschnitten hat, sagt: «Ich küsse es wieder heil», hilft das dem Kind, sich besser zu fühlen. Auch wenn man einem Kranken aus der Ferne seine Liebe sendet, kann das zur Besserung beitragen.

Zur Genesung eines Menschen beitragen kann man auch, indem man eine blaue Kerze anzündet und sich dabei vorstellt, wie der Kranke von einem blauen Licht umfangen wird. Stellen Sie sich vor, wie die Sonne auf ihn scheint und seinen Körper erwärmt und so sein Leben erhellt und ihn gesund macht.

Lassen Sie die Kerze ganz niederbrennen. Wiederholen Sie das jeden Tag. Die Wirkung wird dann verstärkt.

Krankheiten bekämpfen

Ein alter Zigeunerglaube besagt, um von Krankheit zu befreien, müsse man dem Kranken die Fingernägel und die Haare schneiden, und anschließend die abgeschnittenen Fingernägel und Haare vergraben. Oder aber sie werden in einen Fluß oder ein anderes fließendes Gewässer geworfen, damit die Krankheit weggeschwemmt wird.

Krankheiten lindern

Streuen Sie eine Prise Salz auf eine Münze, die Sie auf dem Boden gefunden haben. Dann geben Sie das Salz in einen Topf kochendes Wasser, um es aufzulösen. Wenn das Wasser sich abgekühlt hat, verteilen Sie mit Hilfe der Münze ein wenig Salzwasser auf Hände und Fußsohlen des Patienten.

Ein anderes Heilmittel besteht darin, die Krankheit mit der Kraft einer Kerze zu lindern.

Schreiben Sie mit einer Stecknadel den Namen des Kranken von unten nach oben auf eine blaue Kerze. Stecken Sie die Nadel in die Kerze und lassen Sie sie dort stecken.

Die Kerze muß ganz herunterbrennen und von selbst verlöschen. Die Nadel bleibt heil und sollte für andere Zauber aufbewahrt werden.

Fieber senken

Für einen Salzzauber zum Fiebersenken streut man eine Handvoll Salz in ein Feuer. Durch das Salz werden die Flammen blau. Blicken Sie in diese blauen Flammen und stellen Sie sich vor, wie der Patient wieder gesund wird. Dazu sollten Sie folgende Worte sprechen: «Fieber, verbrenne, Gesundheit, komm zurück.»

Schutzzauber

Mit diesem schützenden Zauberspruch kann man den Gesundheitszustand einer älteren Person verbessern und jemanden, der ans Haus gefesselt ist, vor Schaden bewahren.

Tauchen Sie einen Eisennagel in Salzwasser. Graben Sie ihn im Garten der kranken Person ein oder stecken Sie ihn in eine Topfpflanze und achten Sie darauf, daß sein Kopf aus dem Boden herausschaut, damit er als Leiter die Energie ausstrahlen kann.

Während Sie den Nagel vergraben, sprechen Sie folgende Worte:

> «Krankheit, ich sage dir:
> Fahre in diesen Nagel.
> (Name der Person) sei befreit und gesund.»

Gesundheit und Lebenskraft stärken

Nehmen Sie ein Stück Kristallquarz, waschen Sie es in warmem Seifenwasser und spülen Sie es danach unter fließendem Wasser ab.

Halten Sie den Kristall in beiden Händen. Schließen Sie die Augen und stellen Sie sich vor, wie Sie in weißes Licht getaucht werden. Führen Sie sich die Stelle Ihrer Erkrankung bildlich vor Augen und halten Sie den Kristall auf eben diese Stelle. Malen Sie sich aus, wie ein Lichtstrom aus dem Kristall fließt und die betreffende Körperstelle mit seinen hellen Strahlen erleuchtet.

Legen Sie den Kristall unter das Kopfkissen, wenn Sie schlafen.

Kopfschmerzen bekämpfen

Bei Kopfschmerzen reiben Sie Ihre Stirn mit einem Stein ab und legen diesen Stein danach in die Erde. Man sagt, der Schmerz werde vom Boden aufgenommen.

Sie können Kopfschmerzen auch wegreiben, indem Sie mit einem Hufeisen über Ihre Stirn streichen. Einem Stück Eisen sagt man eine ebenso gute Wirkung nach.

Eine weitere Methode ist, sich mit einem Quarzkristall auf dem Kopfkissen hinzulegen. Können Sie sich nicht hinlegen, halten Sie den Quarz einige Minuten gegen den Kopf. Der Schmerz sollte nachlassen.

Bei Nasenbluten läßt man etwas Blut auf den Boden tropfen und bedeckt das Blut dann mit Sand, damit die Erdgeister helfen.

Bei Knochenbrüchen die Heilung fördern

Sammeln Sie zwanzig Steine. Diese stehen für die zehn Finger und die zehn Zehen. Ist ein Arm oder Bein gebrochen, suchen Sie einen längeren Stein, der den Arm oder das Bein symbolisiert.

Waschen Sie unter fließendem Wasser den Schmutz von den Steinen und legen Sie sie in eine Schüssel Wasser, in die Sie auch einige Silbermünzen getan haben. Streuen Sie ein wenig Salz ins Wasser. Zünden Sie dann eine blaue Kerze an und sprechen Sie folgende Worte:

> «Mit diesem Salz weihe ich den Stein
> und heile das gebrochene Gebein.»

Nehmen Sie den Stein, der den gebrochenen Knochen symbolisiert, aus der Schüssel und wickeln Sie ihn in ein Schwarzwurzblatt. Binden Sie ein blaues Band oder einen blauen Faden darum und tragen Sie es als Amulett. Wenn der Bruch geheilt ist, vergraben Sie den Stein zusammen mit dem Blatt.

Einen Krampf lösen

Einen Krampf sollte man lösen können, indem man vor dem Schlafengehen einen Behälter mit Quellwasser unter das Bett stellt.

Ein anderes Mittel besteht darin, Korken auf ein rotes Band aufzuziehen oder in einen roten Seidenschal einzuwickeln und sie dann an das Fußende des Bettes zu legen.

Sicht und Einsicht stärken

Um sowohl Ihr Augenlicht als auch Ihre hellseherischen Fähigkeiten zu stärken, kochen Sie an einem Sonntag ein wenig Quellwasser auf und geben Sie eine Prise Safran hinein. Astrologisch betrachtet wird Safran von der Sonne regiert und wegen seiner Farbe der Zauberei und der Liebe zugeordnet. Da der Safrankrokus zu den ersten Blumen gehört, die im Frühjahr blühen, bringt er Licht, wenn die Dunkelheit vorüber ist. Wenn man die Augen mit dem im Wasser aufgelösten Safran auswäscht, werden gereizte Augen sofort beruhigt, und man entwickelt bessere hellseherische Fähigkeiten.

Wenn ein Kind sich den Kopf stößt

Wenn ein Kind sich den Kopf stößt, kann man der Schwellung entgegenwirken, indem man die Klinge eines breiten Messers gegen die Beule hält. Danach steckt man das Messer siebenmal in den Boden, so daß dem Kind der Schmerz genommen und in den Boden geleitet wird.

Niesen

«Husten und Niesen verbreiten Krankheit», heißt es. Aber dem alten Volksglauben nach bedeutet Niesen mehr als nur eine Erkältung:

Niesen am Montag: Du entkommst einer Gefahr.
Niesen am Dienstag: Ein Fremder wird dich küssen.
Niesen am Mittwoch: Eine gute Nachricht flattert ins Haus.
Niesen am Donnerstag: Es kommt ein Geschenk.
Niesen am Freitag: Traurige Nachrichten.
Niesen am Samstag: Morgen wirst du verreisen.
Niesen am Sonntag: Bitte Gott um seinen Segen,
damit du die ganze Woche über gesund bleibst.

Haarausfall

Ein altes Zigeunermittel, um das Haar auf einer kahl werdenden Stelle wieder wachsen zu lassen, ist die Mischung von Rosmarinöl, Mandelöl und Pimentöl, mit der man sich morgens und abends den Kopf einreibt.

Auch Knoblauchöl soll das Haar an dünn werdenden Stellen wieder zum Wachsen anregen.

Haare wachsen besser und voller, wenn man sie bei zunehmendem Mond schneidet, und niemals, wenn er abnimmt.

Gibt man einen halben Teelöffel Rosmarin in einen Viertelliter Wasser und wäscht sich damit den Kopf, wird das Haar gekräftigt und Haarausfall verhindert.

Schwermut lindern

Wenn Sie versuchen, allen Dingen im Leben eine gute Seite abzugewinnen, dann lassen sich auch Probleme leichter lösen. Aber das ist leicht gesagt, wenn man sich gut fühlt. Versuchen Sie es doch einmal in schlechten Tagen mit diesem Mittel gegen Schwermut.

Schälen Sie einige Knoblauchzehen und legen Sie sie auf eine Untertasse. Gießen Sie soviel weißen Essig darauf, daß sie halb bedeckt sind.

Stellen Sie die Untertasse neben Ihr Bett, bevor Sie schlafen gehen. Knoblauch soll negative Energien aufnehmen, wodurch er sich rosa färbt.

Am Morgen graben Sie die Knoblauchzehen in die Erde und legen am Abend frische auf die Untertasse.

Rauchen, Nägelbeißen oder andere schlechte Angewohnheiten aufgeben

Wickeln Sie neun Haare der Person, um deren schlechte Angewohnheit es geht, um einen Eisennagel. Schlagen Sie den Nagel in einen Holzpfahl. So wie der Nagel rostet, soll auch die schlechte Angewohnheit allmählich verschwinden. Eine andere Möglichkeit besteht darin, abends beim Einschlafen daran zu denken, daß man sich eine Angewohnheit oder eine Sucht abgewöhnen will.

Süßigkeiten reduzieren

Sie wollen abnehmen, haben aber eine Schwäche für Süßes und können sich bei Kuchen, Keksen und Schokolade nicht zurückhalten. Mit diesem Zauber wird es Ihnen erstaunlich leichtfallen, keine süßen Sachen mehr zu essen.

Graben Sie ein Stück Kuchen, einen Keks oder ein Stück Schokolade in einem Topf oder im Garten ein.

Pflanzen Sie für alles, was Sie nicht mehr essen wollen, drei Zehen Knoblauch obendrauf. Der Knoblauch wird Sie von Ihrer Sucht befreien, und wenn er ausgewachsen ist, werden Sie überhaupt kein Verlangen mehr nach diesen Dingen verspüren.

Sich schneller von einer Krankheit erholen

Nehmen Sie bei Mondlicht ein Glas Quellwasser so in die Hand, daß das Licht auf das Wasser fällt. Trinken Sie das Wasser und bitten Sie den Mond, wenn die nächste Wolke ihn verdeckt, Sie von der Krankheit zu befreien.

Fernheilung

Um jemanden aus der Ferne zu heilen, braucht man eine Feder, Rosmarinöl, eine Muschel, einen Stein und eine Zwiebel.

Schreiben Sie mit einem Kugelschreiber oder einem Bleistift den Namen der Person, die Sie heilen möchten, auf die Zwiebel.

Pflanzen Sie die Zwiebel in einen Topf oder in den Garten. Legen Sie den Stein in nördlicher Richtung von der Zwiebel auf den Boden, geben Sie drei Tropfen Rosmarinöl in südlicher Richtung von der Zwiebel auf den Boden und legen Sie die Feder in westlicher Richtung hin. Bedecken Sie alles mit Erde.

Stellen Sie den Topf auf ein Hufeisen oder legen Sie ein Hufeisen auf die Zwiebel, falls Sie sie im Garten eingegraben haben. Sowohl die Zwiebel als auch das Pferd werden von Mars, dem Kriegsgott, regiert. Bei diesem Zauber bedient man sich der Kraft von Mars, um den Kampf gegen die Krankheit zu gewinnen.

HAUSTIERE

Tiere heilen

Viele erfahrene Heiler glauben an die Kraft des Handauflegens bei Hunden, Pferden und kleineren Haustieren wie Kaninchen, Meerschweinchen, Hamstern, Mäusen und Vögeln.

Das Handauflegen ersetzt nicht den Besuch beim Tierarzt, aber es kann zusammen mit einer tierärztlichen Behandlung angewendet werden, vor oder nach einer Operation oder auch nur dann, wenn Ihr Haustier etwas «angeschlagen» zu sein scheint.

Bringen Sie zum Beispiel Ihren Hund in eine für ihn bequeme Lage oder lassen ihn selbst dafür sorgen, daß er bequem liegt.

Setzen Sie sich neben den Hund. Bitten Sie darum, daß sich ein goldener Lichtschein um Sie beide legt, damit er Sie beschützt, und ein blauer Lichtschein, der das Tier heilt. Nun beten Sie das Vaterunser.

Halten Sie die Hände, die Handflächen nach unten, über Ihren Hund und stellen Sie sich vor, wie zuerst gelbe, dann blaue, grüne, indigofarbene und violette Strahlen durch Ihre Hände hindurch in den Körper des Hundes eindringen.

Beenden Sie die Behandlung, indem Sie darum bitten, daß sich ein spiritueller Schutzmantel um Ihr Haustier legt, um es vor Schaden zu bewahren.

Diese Behandlung können Sie mehrmals am Tag durchführen.

Pferdeflüstern

Pferdeflüstern ist eine sehr geheimnisumwobene Methode zur Zähmung wilder und temperamentvoller Pferde, die sich nicht erklären läßt.

Der Legende zufolge hat ein Zigeuner, der Pferde mit Liebe und Einfühlungsvermögen gezähmt hat, seinem Sohn auf dem Sterbebett das Geheimnis des Pferdeflüsterns weitergegeben. Seither ist es Brauch bei den Zigeunern, daß jemand, der die Kunst des Pferdeflüsterns beherrscht, erst dann in Frieden sterben kann, wenn er diese Gabe an einen anderen weitergegeben hat.

Es gibt Leute, die glauben, man halte beim Pferdeflüstern dem Tier Kräuter oder Anis unter die Nüstern oder schiebe ihm die Pflanzen zusammen mit dem Gebiß des Zaumzeugs ins Maul. Andere meinen, man würde dem Pferd das Vaterunser ins rechte Ohr sprechen. Was auch immer es sein mag, es handelt sich um ein sorgfältig gehütetes Geheimnis.

Es gibt einen Zauber, mit dem man dem Pferd angeblich die Angst vor Straßenverkehr und übernatürlichen Wesen nehmen kann. Dazu zeichnet man mit einem Stückchen Kohle einen Kreis auf den linken und ein Kreuz auf den rechten Vorderhuf. Dann gibt man dem Pferd ein Stück gesalzenes Brot, auf das man siebenmal gespuckt hat.

Zauber zum Schutz der Pferde

Graben Sie ein kleines Loch und werfen Sie je ein Haar von Mähne und Schweif Ihres Pferdes hinein. Fahren Sie dem Umriß seines linken Vorderhufes auf dem Boden nach, heben Sie die Erde innerhalb dieses Hufabdrucks aus und streuen Sie die Erde in das Loch auf das Pferdehaar.

Dieser wohlmeinende Zauber soll das Pferd vor Diebstahl und Krankheit schützen.

Damit eine Stute gut fohlt, füttert man sie mit Hafer aus einem ausgehöhlten Flaschenkürbis. Die Form des Kürbisses steht für die Gebärmutter. Wenn es jahreszeitbedingt keine Flaschenkürbisse gibt, kann man die Schürze einer Frau verwenden; sie erfüllt denselben Zweck.

Katzenzauber

Schon die alten Ägypter verehrten Katzen als Zauberwesen. Wenn eine Katze sich putzt, so der Glaube, wird es bald regnen. Putzt sie sich hinter den Ohren, bekommt man Besuch. Setzt sie sich mit dem Rücken zum Feuer, wird es Frost geben.

Ihre Katze kann Ihnen auch dabei helfen, Prophezeiungen zu machen. Lassen Sie eine Tür offenstehen und überlegen Sie sich eine Frage, die man mit ja oder nein beantworten kann. Rufen Sie Ihre Katze ins Zimmer und beobachten Sie, mit welcher Tatze sie zuerst auftritt. Ist es die rechte Tatze, ist die Antwort ja, ist es die linke, heißt das nein.

Zauberspruch für streunende Haustiere

Wenn Sie ein Haustier vermissen, müssen Sie nicht verzweifeln. Haustiere haben eine geistige Verbindung zu ihren Besitzern und reagieren auf einen unsichtbaren Ruf, selbst wenn er aus der Ferne kommt.

Füllen Sie den Freß- und Trinknapf des Tieres, stellen Sie eine brennende blaue Kerze daneben und sagen Sie die folgenden Worte:

«Meine Schöne (mein Schöner) ist vom Wege abgekommen,
bitte komm noch heute zu mir zurück.
Mein ganzes Herz sehnt sich nach dir,
bitte komm doch zurück zu mir.»

Lassen Sie danach die Kerze herunterbrennen oder blasen Sie sie aus, wenn das Tier vorher zurückkehrt.

Um ein Haustier vom Streunen abzuhalten, können Sie ein Loch graben und es mit Salz, Holzkohle und Haaren aus der Bürste des Tieres füllen.

Einem anderen Brauch zufolge können Sie ein Stück Erde, auf dem der Fußabdruck des Tieres zu sehen ist, ausstechen. Dann sollten Sie diese Erde unter einen starken Baum in Ihrem Garten legen, am besten unter eine Weide. Oder Sie bewahren sie in einem Blumentopf auf.

Ein bekanntes Mittel, mit dem Sie Ihre Katze oder Ihren Hund daran hindern, wegzulaufen, ganz besonders nach einem Umzug, ist das Einreiben der Pfoten mit Butter.

Zauberformel für vermißte Käfigtiere

Durch diesen Spruch kehrt Ihr Vogel, Hamster, Ihr Meerschweinchen oder Kaninchen bald wieder in seinen Käfig zurück.

Rufen Sie dreimal den Namen des Tieres und binden Sie ein gelbes Band um den Käfig, in den Sie frisches Futter und neues Nistmaterial gelegt haben.

Rufen Sie erneut dreimal den Namen des Tieres.

Abwesende Haustiere

Wenn Sie Ihre Katze oder Ihren Hund in Pflege gegeben haben oder wenn das Tier in der Tierklinik ist, können Sie engen geistigen Kontakt mit ihm aufnehmen und dafür sorgen, daß es glücklich und wohlbehalten zu Ihnen zurückkehrt. Winden Sie blaues Band oder blaue Schnur um seinen Korb, seinen Lieblingsplatz oder sein Lieblingsspielzeug. Machen Sie einen Knoten hinein. Erst wenn Ihr Haustier wohlbehalten wieder bei Ihnen ist, lösen Sie den Knoten.

REICHTUM UND ERFOLG

Geldzauber

Mit diesem Zauber kommt man zu Reichtum oder zumindest zu einem angenehmen Leben. Er ist schon seit Jahrhunderten bekannt; früher verwendete man dazu alte Münzen, die möglichst aus Gold geprägt waren.

Nehmen Sie fünf kurze, grüne Kerzen und zehn Münzen. Waschen Sie die Münzen mit warmem Salzwasser ab. Stellen Sie fünf Untertassen kreisförmig auf und legen Sie in die Mitte jeder Untertasse eine Münze.

Befestigen Sie mit flüssigem Wachs eine brennende Kerze auf jeder Münze. Mit den restlichen fünf Münzen bilden Sie innerhalb des Kreises einen Stern mit fünf Strahlen, wobei die Spitze in die Ihnen gegenüberliegende Richtung zeigt.

Sprechen Sie laut die folgenden Worte: «Ich brauche sofort einen Betrag von …»

Stellen Sie sich vor, wie die Kerzen grünes und purpurfarbenes Licht in Form eines fünfstrahligen Sterns abgeben und wie es mehrere Minuten lang Münzen aus dem Kerzenlicht regnet. Lassen Sie die Kerzen herunterbrennen. Wenn Sie das Geld wirklich benötigen, werden Sie es durch einen unverhofften Glücksfall erhalten.

Wenn das Geld da ist, sagen Sie der mystischen Welt Ihren Dank.

Geldzauber mit Tarotkarten

Um mit diesem Zauber zu Geld zu gelangen, benötigt man vierzehn Tage Zeit, vierzehn grüne Kerzen und die vierzehn Karten der Farbe der Münzen eines Tarotspiels.

Zünden Sie in einer Neumondnacht eine grüne Kerze an und legen Sie das As der Münzen mit der Bildseite nach oben hinter die Kerze.

Bleiben Sie einen Augenblick sitzen und schauen Sie in die Kerzenflamme. Denken Sie dabei daran, was Sie mit dem Geld machen wollen, das Sie sich wünschen. Lassen Sie die Karte liegen und die Kerze herunterbrennen, bis sie von selbst erlischt.

Zünden Sie am nächsten Abend eine neue Kerze an. Legen Sie die Zwei der Münzen mit der Bildseite nach oben rechts neben das As der Münzen. Schieben Sie die Zwei ein wenig unter das As, so daß sie den Anfang eines Kartenkreises bildet. Schauen Sie wieder in die Kerzenflamme und denken Sie wiederum nach, wie Sie das gewünschte Geld verwenden wollen. Auch die Zwei der Münzen bleibt dort liegen, und die Kerze muß wieder abbrennen, bis sie von selbst erlischt.

Verfahren Sie am nächsten Abend auf dieselbe Weise und nehmen Sie eine neue Kerze und die Drei der Münzen. Am vierten Abend nehmen Sie die Vier der Münzen, und so fahren Sie Abend für Abend weiter fort, bis Sie die Zehn der Münzen gelegt und die Kerze haben niederbrennen lassen.

Am elften Abend legen Sie den Pagen der Münzen. Die Karte stellt einen Mann dar, der Ihnen Geld gibt. Denken Sie darüber nach, während Sie in die Flamme schauen.

REICHTUM UND ERFOLG

Am zwölften Abend legen Sie den Ritter der Münzen und befassen sich in Gedanken damit, was das Bild auf der Karte bedeutet.

Am dreizehnten Abend legen Sie die Königin der Münzen. Lassen Sie beim Blick in die Kerzenflamme wiederum Ihre Gedanken spielen. Die Königin steht für eine Frau, die Ihnen Geld gibt.

In der vierzehnten Nacht, die gleichzeitig eine Vollmondnacht sein soll, wird der König der Münzen Ihre letzte Karte sein. Er hat eine Münze in der Hand und reicht sie Ihnen.

Lassen Sie die Kerze von allein herunterbrennen, während die Karten liegen bleiben.

Legen Sie am nächsten Morgen die Karten der Münzen zu dem Kartenspiel zurück. Nun sollte der Geldsegen über Sie kommen!

Woche des Reichtums

Zünden Sie an einem Sonntagabend eine goldene Kerze an, um die herum Sie einige Häufchen Münzen gelegt haben. Sie dürfen das Geld nicht zählen. Wenn Sie den Blick einfach nicht von den Münzen abwenden können, legen Sie ein Taschentuch darüber. Schauen Sie in die Kerzenflamme und sprechen Sie folgende Worte: «Ich danke für das Geld, das ich bereits aus der unsichtbaren Welt erhalten habe.»

Lassen Sie die Kerze abbrennen und von selbst erlöschen, die Münzen aber liegen, denn Sie benötigen sie für den Zauber am folgenden Abend.

Zünden Sie am Montag auf dieselbe Weise eine weiße Kerze an und legen Sie die Münzen dazu, die sich bei Ihnen im Laufe des Tages zusätzlich angesammelt haben. Wiederholen Sie die Dankesworte für das Geld, das Sie bereits aus der unsichtbaren Welt bekommen haben.

Am Dienstag stellen Sie eine rosa Kerze zu den vorhandenen Münzen plus denen, die Sie den Tag über gesammelt haben. Sprechen Sie wiederum die Zauberworte.

Sprechen Sie diese Worte jeden Tag mit denselben Münzen und denen, die am Tage hinzugekommen sind. Am Mittwoch nehmen Sie eine rote Kerze, am Donnerstag eine grüne, am Freitag eine blaue und am Samstag wieder eine grüne.

Legen Sie die Münzen zur Seite und bewahren Sie sie für weiterer Geldzauber auf. Je mehr Münzen es werden, desto größer wird die Anziehungskraft.

Zauber für dringenden Geldbedarf

Nehmen Sie für jeden Betrag von 100 DM oder 1000 DM, den Sie dringend brauchen, ein Teelicht. Stellen Sie die Lichter auf einen Teller, von dem Sie häufig essen.

Setzen Sie sich eine Viertelstunde vor Mitternacht in ein dunkles Zimmer. Zünden Sie zusätzlich zu den Teelichtern noch eine goldene, silberne, grüne oder weiße Kerze an. Diese Kerze wird den Geld-Teelichtern Kraft verleihen und Ihnen bei dem, was Sie tun, Licht spenden.

Beginnen Sie jetzt mit Ihrem Zauber. Beten Sie darum, daß sich ein goldener Lichtschein um Sie legen möge, der Sie beschützt, sowie ein blauer Lichtschein, der Sie heilt.

Zünden Sie eines der Teelichter nach dem anderen an der farbigen Kerze an und sprechen Sie dabei jedesmal laut aus, welche Summe es symbolisiert. Stellen Sie die Geldlichter jeweils so auf den Teller zurück, daß sie einen Kreis bilden.

Dann sprechen Sie ein Gebet, mit dem Sie erklären, daß Sie nicht etwa nur geldgierig sind, sondern das Geld wirklich dringend brauchen.

Lassen Sie die Kerzen von selbst erlöschen. Nun sollte das Geld zu Ihnen kommen.

Geld-Aberglaube

Wenn Sie Geld fallen lassen, gibt es dazu ein Sprichwort: «Liegt Geld auf dem Boden, geht es zur Tür hinaus.»

Der Tradition zufolge ist es ein Omen dafür, daß Sie mehr Geld bekommen, wenn Sie Geld fallen lassen und es jemand anderer für Sie aufhebt.

Schenkt man jemandem ein Portemonnaie oder eine Brieftasche, in der keine Münze steckt, bedeutet das Unglück für den Beschenkten.

Wie man das Glücksrad ölt

Die folgenden Rezepturen sind schon sehr alt und dienen dazu, die Wirkung Ihres Zaubers zu verstärken. Sie eignen sich zum Salben von Kerzen, Münzen, Papier oder anderen Gegenständen, die in diesem Buch aufgeführt sind. Zum Auftragen auf die Haut sind die Mixturen nicht geeignet.

Öl, um Geld anzuziehen   3 Tropfen Majoranöl
2 Tropfen Zitronenöl
2 Tropfen Eukalyptusöl

Rollen Sie Ihre Geldscheine zusammen, statt sie flach aufeinanderzulegen. Wenn man die äußerste Note von außen mit diesem Öl bestreicht, sollen die Scheine in der Rolle sich vermehren.

Wunschöl   6 Tropfen Patschuliöl
8 Tropfen Myrrheöl
16 Tropfen Sandelholzöl

Man bestreicht Münzen, die man nicht gezählt hat, mit dem Wunschöl und legt sie dann in das Licht des Vollmonds. Damit zeigt man an, daß man Geld benötigt.

Bekräftigendes Öl   8 Tropfen Sandelholzöl
4 Tropfen Myrrheöl
2 Tropfen Zimtöl

Mit diesem Bekräftigungsöl kann man dem Wunsch nach einem Geschäftsabschluß Nachdruck verleihen. Man beträufelt damit beispielsweise eine Kerze, die in der Nacht vor den Geschäftsverhandlungen angezündet wird. Man kann damit aber auch das Geld, das man bei einem Geschäft verwenden will, bestreichen, damit man auch in Zukunft mit derselben Person Geschäfte machen wird.

Wahrsageöl   4 Tropfen Sandelholzöl
7 Tropfen Rosenöl
5 Tropfen Lavendelöl

Man sagt den Zigeunerfrauen nach, daß sie ihre Kleider mit diesem Öl betupfen, damit sie beim Hausieren oder Wahrsagen Erfolg haben. Man streicht es auch auf Kerzen und Geld, wenn man sie beim Wahrsagen verwendet.

Bekräftigungsöl   5 Tropfen Weihrauchöl
2 Tropfen Zypressenöl
3 Tropfen Wacholderöl

Mit dem Öl der Kraft verstärkt man im allgemeinen jeden Zauberspruch, sei er nun für die Gesundheit, den Wohlstand, die Liebe oder das Glück. Schon ein paar Tropfen auf der Kleidung helfen Ihnen, in einer Situation erfolgreich zu sein, in der Sie Ihrer Meinung nach keine Chance haben.

Zu Geld gelangen

Zünden Sie eine grüne Kerze an und lassen Sie sie fünf Minuten lang brennen. Blasen Sie sie aus, reiben Sie Ihre Hände in dem Rauch und stellen Sie sich vor, wie Sie zu Geld kommen.

Für einen anderen einfachen Zauber, wenn man zu Geld gelangen will, braucht man den Mond und eine neue, glänzende Münze. Legen Sie die Münze in der Neumondnacht auf ein Fensterbrett, Kopf nach oben, und lassen sie liegen. Bei Vollmond drehen Sie dann die Zahl nach oben, um so ihre Geldsorgen zu vertreiben.

Beenden Sie den Zauber, indem Sie die Münze bei Neu- oder Vollmond von der Fensterbank nehmen.

Blasen in einer Tasse Tee kündigen Geld an. Ein kleiner schwimmender Zweig oder ein rechteckiges Blättchen stehen für einen Brief oder einen Telefonanruf – wenn es dunkel ist, von einem Mann, wenn es hell ist, von einer Frau.

REICHTUM UND ERFOLG

Bei Neumond können Sie Kanäle öffnen, in denen Geld spiralförmig auf Sie zukommt. Sie sammeln dafür so viele Münzen wie möglich. Zünden Sie eine grüne Kerze an, stellen Sie sie auf die linke Hälfte eines Tisches und arbeiten Sie jetzt nur bei Kerzenlicht.

Legen Sie alle Münzen rechts von der Kerze spiralförmig aus.

Schreiben Sie den Betrag, den Sie benötigen, und die Gründe, warum Sie das Geld brauchen, mit grüner Tinte auf ein weißes Blatt Papier. Schreiben Sie am Ende «Mit Gottes Gnade». Dies ist wichtig, weil Sie unter glücklichen Umständen an das Geld gelangen sollen.

Legen Sie das Blatt Papier mit Ihrem Wunsch rechts neben die Münzen und lassen Sie es so lange dort liegen, bis die Kerze heruntergebrannt ist. Sammeln Sie die Münzen wieder ein. Sie können sie ausgeben oder auch sparen.

Stecken Sie den Zettel mit Ihrem Wunsch in Ihre Brieftasche oder in Ihr Portemonnaie. Dort sollten Sie ihn aufbewahren, bis der Wunsch in Erfüllung gegangen ist.

Den Reichtum vermehren

Legen Sie bei Neumond heimlich eine Zehner-, Zwanziger- oder Fünfzigernote unter die Fußmatte auf der Innenseite der Eingangstür zu Ihrem Haus. Wann immer ein Gast oder ein Mitglied Ihrer Familie auf die Matte tritt, lädt sie sich mit positiver Energie auf.

Es heißt, je größer der Geldschein, desto größer der Gewinn.

Der Schein darf nicht vor dem nächsten Vollmond entfernt werden, ansonsten werden Sie sich unvorhergesehenen Ausgaben gegenübersehen.

Man kann Geld auch anlocken, indem man Ringelblumen über einen goldfarbenen Gegenstand pflanzt. Die Blumen sollten so nah wie möglich an der Eingangstür stehen, sei es nun in einem Topf, einem Kübel, einem Blumenkasten oder auch in einem Gartenbeet. Ringelblumen werden von der Sonne regiert und blühen gewöhnlich den ganzen Sommer über.

Es gibt so viele verschiedene Arten von Ringelblumen, daß man das ganze Jahr über blühende Exemplare finden kann. Daher nennt man sie auch Calendula.

Legen Sie in einer Neumondnacht so viele Münzen wie möglich auf ein Fensterbrett, auf das der Mond scheint.

Widerstehen Sie der Versuchung, das Geld zu zählen, denn das würde die Grenzen der Erwartung einengen. Je größer die Summe der Münzen, umso größer der Betrag, der hinzukommt!

REICHTUM UND ERFOLG

Sprechen Sie die folgenden Worte: «O du wunderschöner Mond, sende auf deinen Strahlen Reichtum in mein Leben.»

Bei Vollmond werden sich Ihre finanziellen Mittel vermehren. Damit das Geld auch weiterhin fließt, wiederholen Sie den Zauberspruch, wenn Sie das nächste Mal die Neumondsichel am Himmel sehen.

Man sagt, alles, was man gibt, kommt siebenfach zurück.

Nehmen Sie einen Geldschein, zünden Sie eine grüne Kerze an und schreiben Sie Ihren Wunsch nach Reichtum und Wohlergehen auf ein Stück grünes Papier. Stecken Sie das Papier und den Geldschein in einen Umschlag, versiegeln Sie ihn und blasen Sie die Kerze aus.

Entscheiden Sie sich, ob Sie das Geld dem ersten geben, der für einen wohltätigen Zweck an Ihre Tür klopft, ob Sie es einer Wohltätigkeitsorganisation spenden oder es dem ersten Bittsteller einer solchen Organisation geben, den Sie auf der Straße antreffen.

Damit der Zauber wirkt, ist es wichtig, daß Sie das Geld schnellstmöglich spenden.

Dann werden Sie ernten, was Sie gesät haben.

Wettzauber

Zünden Sie sieben grüne Kerzen an und sprechen Sie:

Abrakadabra
Abrakadabr
Abrakadab
Abrakada
Abraka
Abrak
Abr
Ab
A

Wiederholen Sie die Worte siebenmal und löschen Sie dann die Kerzen. Tun Sie dies sieben Tage hintereinander. Wenn Sie dann eine Wette abschließen, ist Ihre Gewinnchance größer.

Lottozauber

Dieser Zauber gilt für Lotto- und Totospiele. Zünden Sie sechs grüne Kerzen an. Jede Kerze steht dabei für eine der sechs Gewinnzahlen.

Setzen Sie sich in aller Ruhe hin und betrachten Sie die Flammen. Stellen Sie sich vor, daß jede Flamme für eine Zahl steht.

Kreuzen Sie auf dem Tippschein die Zahlen an, die Ihnen gerade einfallen. Streuen Sie ein wenig Muskatnußpulver darauf und blasen Sie die Kerzen aus. Lassen Sie das Muskatnußpulver einen Tag auf dem Tippschein, dann wischen Sie ihn ab und bringen ihn zur Annahmestelle.

Arbeitssuche

Nehmen Sie vor dem Zubettgehen ein Bad oder eine Dusche. Geben Sie einen Teelöffel Baldriankraut in eine Teekanne und übergießen Sie es mit kochendem Wasser. Lassen Sie den Tee einige Minuten ziehen, bevor Sie ihn trinken.

Baldrian wird vom Planeten Merkur regiert, der als Symbol für Handel, Geschäfte und Reichtum gilt. Merkur wurde auch gerufen, um den Menschen einen festen Schlaf und angenehme Träume zu geben, in denen sie die Zukunft vorhersehen können. Er schützte die Menschen vor Alpträumen und zauberte schlafenden Kindern ein Lächeln auf die Lippen.

Während Sie den Tee trinken, stellen Sie sich vor, wie Sie sich um den Arbeitsplatz bemühen, den Sie gerne hätten. Sprechen Sie die folgenden Worte laut: «Dieser Baldriantrunk wird mich in das Land führen, wo alle Wünsche in Erfüllung gehen.» Gehen Sie zu Bett und gleiten Sie hinüber in den Schlaf.

Im Traum werden Sie dann erfahren, wie Sie den gewünschten Arbeitsplatz bekommen. Ihr Unterbewußtsein wird dafür sorgen, daß Sie die richtigen Schritte dafür unternehmen werden.

Für ein gutes Vorstellungsgespräch

Nehmen Sie zwei Eicheln. Eine steht für Sie, die andere für die Person, bei der Sie sich um einen Arbeitsplatz beworben haben.

Legen Sie die Eicheln in eine Schüssel Wasser. Wenn Sie nebeneinander treiben oder sich berühren, wird man Sie zu einem Vorstellungsgespräch einladen. Wenn sie entgegengesetzt auseinandertreiben, wird man Sie nicht einladen.

Wenn man am Morgen eine Spinne dabei beobachten kann, wie sie ihr Netz webt, ist das ein Zeichen dafür, daß man Glück in Gelddingen hat. Es kündigt Geld an. Das Spinnennetz darf man erst dann entfernen, wenn das Geld eingetroffen ist. Eine besonders glückliche Fügung ist es, wenn sich das Spinnennetz an einem Fenster oder einer Tür befindet. Schon in alter Zeit wurden Spinnen verehrt, und weil – wie man heute weiß – ihre Netze Penicillin enthalten, waren sie bei der Wundheilung tatsächlich wirksam. Man darf niemals Spinnen töten. Wenn sie lange Netze weben, ist das ein Zeichen für gutes Wetter, während ein kurzes Netz Regen bedeutet.

Für ein erfolgreiches Vorstellungsgespräch

Bevor Sie zu einem Vorstellungsgespräch gehen, nehmen Sie eine grüne Kerze, einen Geldschein und eine Büroklammer.

Zünden Sie die Kerze an und lassen Sie beide Seiten des Geldscheins von der Flamme bescheinen. Befestigen Sie den Schein mit der Büroklammer an der Rückseite eines Fotos von sich. Blasen Sie die Kerze aus.

Nehmen Sie das Foto mit dem Geldschein in Ihrer Handtasche oder Brieftasche mit zu dem Vorstellungsgespräch.

Bestehen einer Prüfung

Legen Sie ein Stück blauen Stoffes, ein Halstuch oder Taschentuch auf den Tisch, und legen Sie einen Stapel der Bücher, die Sie für Ihre Prüfung brauchen, darauf.

Zünden Sie eine gelbe Kerze an und stellen Sie sie Richtung Süden neben die Bücher. Zünden Sie sechs weiße Kerzen im Uhrzeigersinn um die gelbe Kerze herum an und sprechen Sie Ihren Wunsch laut aus: «Ich werde diese Prüfung bestehen. Ich werde es schaffen.» Lassen Sie die Kerzen einige Minuten lang brennen, während Sie sich vorstellen, wie Sie in der Prüfung sitzen.

Blasen Sie die weißen Kerzen entgegen dem Uhrzeigersinn aus; zum Schluß löschen Sie die gelbe Kerze.

Damit Sie immer an Erfolg erinnert werden, nehmen Sie den blauen Schal oder das Taschentuch mit ins Examen. Wenn ein Kind eine Prüfung zu bestehen hat, legen Sie ein Stück Quarz neben seine Bücher. Diesen Quarz kann das Kind am Tag der Prüfung als Glücksamulett mit in die Prüfung nehmen.

Fahrprüfung

Nehmen Sie die Karte VII – «Der Wagen» – aus einem Tarotspiel und legen Sie sie in ein Rechteck, gebildet aus roten bernsteinfarbenen und grünen Kerzen. Die gelbbraune Kerze sollte Ihnen am nächsten liegen, die rote links darüber und die grüne rechts. Der Wagen symbolisiert das Auto, mit dem Sie in der Prüfung fahren werden, und die Kerzen die Ampeln.

Nehmen Sie die Karten XXI – «Die Welt» – und X – «Rad des Schicksals». Die Welt symbolisiert neue Horizonte, die Sie mit Ihren Fahrkünsten erkunden werden, das Schicksalsrad steht für das Lenkrad. Legen Sie diese beiden Karten links und rechts neben die grüne Kerze.

Zünden Sie jetzt die Kerzen an, aber ohne elektrisches Licht im Zimmer, am besten bei zunehmendem Mond.

Blicken Sie in die Flammen und stellen Sie sich vor, wie Sie die Prüfungsfragen korrekt beantworten.

Nehmen Sie die Karten XXI – «Die Welt» – und – «Rad des Schicksals» – auf und stellen Sie sich die Orte vor, zu denen Sie gerne fahren würden, entweder allein oder mit Beifahrer. Legen Sie die Karten auf ihre ursprünglichen Positionen zurück.

Lassen Sie die Kerzen herunterbrennen und nehmen Sie die Karten mit zur schriftlichen und zur praktischen Prüfung.

Zu seinem Recht kommen

Nehmen Sie die Karte XX – «Gerechtigkeit» – eines Tarotspiels. Zünden Sie eine blaue Kerze an und legen Sie die Gerechtigkeitskarte rechts daneben. Schreiben Sie Ihren Namen und Ihre Adresse auf ein Blatt weißes oder grünes Papier und legen Sie dieses links neben die Kerze.

Zünden Sie dreizehn Teelichter an, die die dreizehn Mondzyklen eines Jahres darstellen sollen, und stellen Sie sie kreisförmig um die blaue Kerze und die Karte auf.

Beten Sie darum, daß Sie und Ihre Familie vor Unglück bewahrt bleiben.

Schreiben Sie den Wunsch, der mit Ihrer Rechtsangelegenheit zu tun hat, auf einen Zettel. Sprenkeln Sie Rosenöl darauf und zünden Sie ihn über der blauen Kerze an. Legen Sie ihn auf eine Untertasse, bis er zu Asche zerfällt. Lassen Sie die Kerzen herunterbrennen, und Ihr Wunsch wird in Erfüllung gehen.

Auf dem Weg zum Erfolg

Dieser eindrucksvolle Zauber bringt Sie an die Schwelle zum Erfolg. Sie können ihn auch dazu benutzen, um vor einer wichtigen Sitzung Ihre Macht zu festigen.

Zünden Sie vor einem Spiegel eine blaue Kerze an. Setzen Sie sich vor den Spiegel und blicken Sie sich selbst auf der Suche nach Ihrer Seele tief in die Augen.

Bitten Sie darum, daß zu Ihrem Schutz ein Kreis aus goldenem Licht und für Ihre Gesundheit ein Kreis aus blauem Licht um Sie herum gelegt wird. Wiederholen Sie einundzwanzigmal Ihren Vornamen (oder wenn Sie mehrere haben, alle Vornamen).

Sprechen Sie dann Ihren Wunsch aus und wiederholen Sie ihn einundzwanzigmal.

Blasen Sie die Kerze aus und freuen Sie sich auf Ihren Erfolg.

GLÜCK

Glückszauber mit Hufeisen

Ein Hufeisen zu finden bedeutet Glück. Ganz besonders viel Glück hat man, wenn noch Nägel in dem Hufeisen stecken. Jeder Nagel steht für ein Jahr, je mehr Nägel, um so mehr glückliche Jahre liegen vor Ihnen. Es heißt aber auch, pro Nagel muß der Finder ein Jahr warten, bis er oder sie heiraten wird.

Ein Hufeisen, das an oder über einer Tür befestigt wird, soll das Haus schützen. Es zieht das Glück an und hält das Pech davon ab, die Schwelle zu überschreiten. Wenn das offene Ende nach oben zeigt, fängt das Hufeisen das Glück ein und hält es fest.

Für einen Zauberbann bürsten Sie das Hufeisen zunächst mit einer Drahtbürste ab, um den Rost zu entfernen und damit die Nagellöcher offen sind. Zünden Sie eine rote Kerze in einem ansonsten dunklen Zimmer an, setzen Sie sich vor die Kerze und schreiben Sie sieben Wünsche auf sieben kleine Zettel.

Nehmen Sie grünes Papier für einen Wunsch, der mit Geld zu tun hat, blaues für Gesundheit, rosa für Liebe, rot für einen Arbeitsplatz, violett oder fliederfarben für Freundschaft, gelb für spirituelle Belange, orange für rechtliche Fragen, braun für Ihr Heim und weiß für andere Dinge.

Achten Sie darauf, daß Sie die Wünsche ganz präzise formulieren, denn unklare Gedanken führen zu unklaren Ergebnissen.

Rollen Sie die Zettel fest zusammen und stecken Sie sie durch jeweils ein Loch des Hufeisens. Listen Sie Ihre Wünsche auf einem neuen Bogen Papier auf, numerieren Sie sie von eins bis sieben, und zwar von links nach rechts

GLÜCK

in der Reihenfolge auf dem Hufeisen, so daß Sie später wissen, in welchem Loch welcher Wunsch steckt. Löschen Sie die Kerze.

Legen Sie das Hufeisen in eine Schachtel und stellen Sie sie sorgfältig beiseite. Es ist wichtig, daß Sie Ihre Wünsche jetzt vergessen. Nehmen Sie das Papier erst dann aus dem Hufeisen, wenn sich jeder einzelne Ihrer Wünsche erfüllt hat.

Zauber mit Steinen

Ein Stein mit einem Loch wird als Talisman gegen das Böse betrachtet. An einer Kordel hängend wird er an oder über einer Tür aufgehängt, als Auge, das alles sieht und das Böse fernhält.

Sie können ihn aber auch als Wunschstein benutzen.

Reinigen Sie den Stein unter fließendem Wasser und schreiben Sie Ihren Wunsch mit Kreide oder Stift darauf. Ihr Wunsch ist jetzt «in Stein gemeißelt». Achten Sie darauf, daß Ihre Bitte präzise formuliert ist und keinen Spielraum für Irrtümer bietet.

Vergraben Sie den Stein bei Sonnenuntergang in Richtung Westen. Legen Sie ein Stück blaue Kordel, blaue Baumwolle oder blaues Band mit einem Knoten daneben. Das symbolisiert Ihren Wunsch. Füllen Sie das Loch im Stein mit Nelkenpfeffer. Besprenkeln Sie das Ganze mit Wasser und sprechen Sie Ihren Wunsch aus, während Sie es mit Erde bedecken.

Denken Sie nicht über Ihren Wunsch nach, wenn Sie den Stein einmal vergraben haben. Erst dann wird er sich erfüllen.

GLÜCK

Der Schlüssel zum Glück

Besonders viel Glück bedeutet es, wenn man einen Schlüssel findet. Der Volksglaube sagt, daß sich – bildlich gesprochen – damit die Tür zum Erfolg öffnet, sei es in der Liebe, bei einer Heirat, in der Arbeit oder im Alltag.

Einen alten Schlüssel zu finden bedeutet Magie. Es heißt, daß der Finder spirituelle Geheimnisse erfahren und prophetische Träume haben und zu einem *Channel* für die Kommunikation zwischen Himmel und Erde werden wird.

Einen Schlüssel zu zerbrechen ist jedoch ein schlechtes Omen: es deutet auf eine zerbrochene Beziehung hin. Glück hingegen bringt folgender Zauber: Nehmen Sie einen Schlüssel und zünden Sie eine weiße Kerze an. Stellen Sie sich im übertragenen Sinn die Tür vor, die Sie mit diesem Schlüssel gerne öffnen würden. Zeichnen Sie auf einem Stück Papier eine Tür, um damit den Weg für Ihren Wunsch zu öffnen.

Gießen Sie ein wenig Kerzenwachs auf die Zeichnung und legen Sie den Schlüssel in das Wachs, so daß beide miteinander verschmelzen. Lassen Sie das Wachs abkühlen und falten Sie das Papier um den Schlüssel herum zu einem ordentlichen Päckchen. Versiegeln Sie dessen Kanten mit Kerzenwachs und blasen Sie die Kerze aus.

Werfen Sie das Päckchen in ein offenes Feuer und stellen Sie sich dabei intensiv die Tür vor, durch die Sie gehen, und das, was sich dahinter verbirgt. Sprechen Sie Ihren Wunsch zu den himmelwärts lodernden Flammen. Danach sollten Sie nicht länger an diesen Wunsch denken, denn solche Gedanken zerren ihn zurück zur Erde und entziehen ihm Energie.

Zauber mit weißem Heidekraut

Weißes Heidekraut wird von der Venus regiert und soll Glück bringen, wenn man es auf sich trägt, jedoch Unglück, wenn man es im Haus aufbewahrt.

Ein sehr einfacher Zauber, um das Glück in Ihr Leben zu holen, besteht darin, einen Kreis von sieben weißen Heidekrautpflanzen vor Ihrer Eingangstür zu pflanzen.

Schon die Schwingungen des Heidekrauts neutralisieren böse Kräfte und reinigen einen Pfad für das Glück, das nun in Ihr Haus eintreten kann.

Nadelzauber

Läßt man aus Versehen eine Nadel fallen, und zeigt sie dann mit dem spitzen Ende nach oben, so wird noch am selben Tag ein Besucher eintreffen. Sie sollten die Nadel aufheben und getreu dem Spruch verwahren: «Wenn du eine Nadel findest, hebe sie auf, und den ganzen Tag wird dir das Glück hold sein.»

Um das Glück noch länger als einen Tag zu bannen, sollten Sie die Nadel in eine Vase mit frischem Wasser und frischen Blumen legen. Die Essenz der Blumen wird das Glück in der Nadel mit Energie anreichern, und Ihr Glück wird länger halten als die Blumen.

Wenn die Blumen verwelken, werfen Sie sie wie üblich fort, leeren Sie das Wasser aus und legen Sie die Nadel in Ihren Nähkasten, damit sie Sie stets an Ihr Glück erinnert.

Wunscherfüllung

Schreiben Sie Ihren Wunsch (oder auch mehrere Wünsche) auf ein Stück Papier, Holz oder auf einen Ast und verbrennen Sie das Ganze. Ist Papier oder Holz erst einmal verbrannt, dürfen Sie nicht mehr an Ihren Wunsch denken oder darüber reden.

Wenn zwei Personen gleichzeitig per Zufall dieselben Worte sprechen, so bedeutet dies, daß ein Wunsch in Erfüllung gehen wird, wenn beide Personen die Finger kreuzen und sich etwas wünschen.

Geburtstagszauber

Es bringt Unglück, wenn Sie an Ihrem Geburtstag weinen, denn es heißt, daß Sie dann ein ganzes Jahr weinen werden.

Normalerweise wünscht man sich etwas, während man die Kerzen auf dem Geburtstagskuchen ausbläst, doch Sie können sich auch mit Blumen ein ganzes Jahr Glück erzaubern.

Schreiben Sie Ihren Geburtstagswunsch auf ein Stück Papier und bewahren Sie es unter einer Vase mit Blumen auf. Oder graben Sie einen Samen oder eine Knolle ein, während Sie an Ihren Wunsch denken. Ihr Wunsch wird mit der Pflanze wachsen.

Taschentuchzauber

Wenn man jemandem ein Taschentuch gibt, ist dies ein Zeichen, daß man sich von ihm trennen wird. Ein geliehenes Taschentuch sollte unbedingt zurückgegeben werden.

Der Knoten im Taschentuch als Erinnerungshilfe ähnelt einem alten Zauberbann der Zigeuner, für die ein Knoten immer einen Wunsch symbolisiert.

Wolkenzauber

Mit ein wenig Wolkenmagie können Sie ganz leicht Wolken verscheuchen, die bildlich gesprochen Ihr Glück überschatten.

Jede Wolke ist so einzigartig wie jeder Mensch, also suchen Sie sich eine aus, die Sie ganz besonders anspricht. Sagen Sie zu der Wolke, daß es Ihren Seelenfrieden wiederherstellen wird, wenn Sie den blauen Himmel sehen, der von ihr verdeckt wird.

Konzentrieren Sie sich ganz auf die Wolke und stellen Sie sich vor, wie Ihr Problem verschwindet, während Sie eine Öffnung in sie hineindenken, um den Himmel zu sehen. Gelingt Ihnen das, so ist dies ein Zeichen, daß Sie alle Probleme bewältigen können und daß der blaue Himmel des Glücks Ihnen gehört.

Eine weitere Methode besteht darin, Ihr Problem an eine Wolke zu hängen. Dann entscheiden Sie, in welche Richtung die Wolke ziehen soll, ob nach rechts oder links. Bitten Sie die Wolke fortzuziehen und Ihr Problem mit sich zu nehmen. Wenn Sie einige Minuten lang fest auf die Wolke starren, wird sie in die von Ihnen gewählte Richtung davonziehen.

Probleme lösen

Schreiben Sie Ihr Problem auf die Sohle eines alten Schuhs. Ziehen Sie den Schuh an, stampfen Sie dreimal auf, ziehen Sie den Schuh wieder aus und verbrennen Sie ihn.

Schreiben Sie Ihr Problem auf ein Stück Papier. Graben Sie ein Loch, legen Sie das Papier hinein und vergraben Sie es zusammen mit einem Stück Kupfer, einem Stück Eisen und ein wenig Zink.

Noch einfacher ist es, Ihr Problem auf ein Stück Papier zu schreiben und es dann ins Feuer zu werfen.

Einen Gegenstand zurückbekommen

Wählen Sie eine Zeit bei Tag oder Nacht, in der Sie für fünf Minuten ungestört sind.

Stellen Sie sich den Gegenstand vor, der Ihnen nicht zurückgegeben wurde. Wenn Sie sich konzentriert wünschen, daß der Gegenstand wieder in Ihren Besitz zurückfindet, wird sich der Dieb auf telepathischem Weg unbehaglich fühlen, bis er Ihnen den Gegenstand schließlich zurückgegeben hat.

Eine andere Methode besteht darin, einen Eisennagel auf ein Fensterbrett zu legen. Der Nagel sollte in die Himmelsrichtung zeigen, in der die Person lebt, die Ihren Gegenstand hat. Wünschen Sie sich den Gegenstand jedesmal, wenn Sie auf den Nagel schauen, ganz fest zurück. Sobald der Gegenstand zurückgegeben wurde, sollten Sie den Nagel eingraben oder zurück in den Werkzeugkasten legen.

Ein weiterer Zauber, um Dinge zurückzubekommen, geht so: Legen Sie eine Rose neben ein ähnliches Objekt wie das vermißte. Die Liebe, von der Rose symbolisiert, wird bei der betreffenden Person ein schlechtes Gewissen verursachen, und Sie bekommen den Gegenstand zurück.

Unheil abwenden

Wollen Sie sich oder einen geliebten Menschen von einer Pechsträhne und Unheil befreien, nehmen Sie drei kleine Gläser und neun Knoblauchzehen. Stecken Sie mehrere Dornen einer weißen Rose in die Knoblauchzehen und legen Sie drei Zehen in jedes Glas.

Jedes Glas sollte in Sichtweite eines Kirchenportals vergraben werden, während Sie ein Vaterunser sprechen.

Sich mit dem Schicksal gut stellen

Das Schicksal, so heißt es, können Sie zu Ihren Gunsten beeinflussen, wenn Sie Ihr persönliches Zauberwort kennen. Sprechen Sie dieses Wort jedesmal aus, wenn Sie das Gefühl haben, einen neuen Energieschub zu brauchen. Aber wie finden Sie Ihr Zauberwort?

Zünden Sie eine weiße Kerze an und setzen Sie sich mit einem Wörterbuch in Richtung Süden. Schließen Sie die Augen und drehen Sie das Buch mehrere Male, damit Sie nicht sehen, wo Sie es öffnen. Blättern Sie mit geschlossenen Augen einige Seiten durch, bis Sie den Drang verspüren, an einer bestimmten Seite innezuhalten.

Lassen Sie Ihren Zeigefinger, immer noch mit geschlossenen Augen, über die Seite gleiten, bis Sie wieder innehalten müssen. Öffnen Sie die Augen und lesen Sie das Wort unter Ihrem Finger. Sind es mehr als eins, nehmen Sie das erste, das Ihnen in die Augen springt. Das ist Ihr Zauberwort.

Sprechen Sie sich das Wort immer wieder vor, wenn Sie sich auf eine neue Situation einstellen. Es wird die Schwingungen um Sie herum verändern und gute Einflüsse anziehen.

Sich einen Wunsch erfüllen

Schreiben Sie bei Neumond Ihren Wunsch auf ein Stück sauberes Papier und zünden Sie ein neues weißes Teelicht an. Schalten Sie alles andere Licht aus.

Genießen Sie zehn Minuten lang das Leuchten der Flamme und denken Sie daran, wie sich Ihr Wunsch erfüllt. Sagen Sie dann: «Möge heute nacht, wenn ich schlafe, die göttliche Macht der spirituellen Liebe und des Lichts meinen Wunsch erfüllen.»

Konzentrieren Sie sich auf Ihren Wunsch und verbrennen Sie dabei das Papier in der Flamme. Lassen Sie das Licht herunterbrennen.

Johanniskrautzauber

Johanniskraut, eine goldene Blume mit einem Geruch wie Terpentin, wird als Symbol der Sonne betrachtet. Zünden Sie eine orangefarbene Kerze an und legen Sie ein Büschel Johanniskraut daneben. Wünschen Sie sich etwas und hängen Sie das Johanniskraut dann über die Eingangstür. Lassen Sie die Kerze herunterbrennen. So wird Ihr Wunsch erfüllt und auch das Böse abgewendet.

Wiederholen Sie diesen Zauber in zwölf aufeinanderfolgenden Nächten, jeweils zur selben Zeit. Falls Sie eine Nacht aussetzen müssen, beginnen Sie wieder am Anfang.

Eine Pechsträhne unterbrechen

Gehen Sie spazieren und sammeln Sie unterwegs sieben Zweige. Sie symbolisieren je einen Tag der Woche. In der Regel gilt: Esche steht für Montag, Buche für Dienstag, Ulme für Mittwoch, Eiche für Donnerstag, Roßkastanie für Freitag, Eibe für Samstag und Holunder für Sonntag.

Nehmen Sie die Zweige mit nach Hause, brechen Sie sie in Stücke und verbrennen Sie sie in einem Ofen oder offenen Feuer. Sagen Sie dabei die folgenden Worte: «Die Pechsträhne ist durchbrochen, da ich diese Worte spreche.»

Unerwünschte Gäste vertreiben

Wenn Sie nicht immer wieder von unerwünschten Besuchern belästigt werden wollen, brauchen Sie lediglich ein wenig Salz. Sofort, nachdem der Besuch gegangen ist, verstreuen Sie das Salz, das als reinigend und als Schutz vor bösen Mächten betrachtet wird, an der Stelle, wo die Gäste sich verabschiedet haben. Sie kommen nicht wieder!

Prophezeiungen

Rosmarin gibt mit Ja oder Nein Antwort auf eine Frage.

Pflücken Sie einen Zweig Rosmarin und stellen Sie siebenmal dieselbe Frage. Zupfen Sie dann ein Blättchen ab und sagen Sie dabei «Ja». Zupfen Sie ein weiteres Blättchen ab und sagen Sie dabei «Nein».

Fahren Sie so abwechselnd fort, bis kein Blatt mehr übrig ist. Das letzte Blättchen verrät Ihnen die Antwort.

Zigeuner verwenden für ihre Prophezeiungen Haare. Sie werfen ein paar Haare ins Feuer. Es heißt, es sei ein Zeichen für langes Leben, wenn die Flamme wild auflodert. Verglüht das Haar einfach nur, ist dies ein Zeichen für schlechte Gesundheit.

Um festzustellen, ob eine Person eitel ist, reißt man ihr ein einzelnes Haar aus. Das Haar wird zwischen Zeigefinger und Daumen gehalten. Je mehr es sich kräuselt, wenn man es losläßt, um so eitler ist sein Besitzer oder seine Besitzerin.

GLÜCK

Rutscht einer Frau Haarnadel, Klammer, Kamm oder Spange aus der Frisur, denkt jemand an sie.

Auch mit Wasser und einem Stein läßt sich die Antwort auf eine Frage finden.

Halten Sie einen Stein in der Hand, setzen Sie sich vor eine Schale Wasser und stellen Sie eine Frage, die sich mit Ja oder Nein beantworten läßt.

Lassen Sie den Stein ins Wasser fallen und zählen Sie sorgfältig die Ringe, die er macht. Eine ungerade Anzahl bedeutet Ja, eine gerade Nein.

BESONDERE DATEN
FÜR ZAUBER UND MAGIE

14. Februar: Valentinstag

Laut Tradition beginnen viele Vogelarten zu dieser Zeit ihr Balzritual. Wenn Sie noch allein sind, wird ein Lorbeerblatt, das Sie am Valentinstag unter Ihr Kopfkissen legen, dafür sorgen, daß Sie von der Person träumen, die Sie einmal heiraten werden.

25. Mai: Fest der heiligen Marien

Die heilige Sara von Ägypten, auch schwarze Madonna genannt, ist die Schutzpatronin der Zigeuner. Am Abend des 24. und den ganzen 25. Mai hindurch lobpreisen die Zigeuner die Elemente Feuer und Wasser, von denen ihr Leben abhängt.

Die Frauen bauen aus Holz, das die Männer gesammelt haben, ein großes Lagerfeuer. Sie kochen ein Festmahl, und alle versammeln sich um das Feuer, um Geschenke und gute Wünsche auszutauschen.

Am 24. Mai pilgern noch heute viele Zigeuner zu einem jährlichen Gottesdienst an den Schrein der heiligen Sara von Ägypten in der Kirche von Les Saintes Maries de la Mer in der Camargue. Sie tragen die Statue der schwarzen heiligen Sara ins Meer, über das sie kam, und zurück in die Kirche.

24. Juni: Johannisnacht

Um vorherzusagen, wer Ihr zukünftiger Partner sein wird, sollten Sie vor dem Zubettgehen Ihre Schuhe in Form eines «T» aufstellen und dabei die Worte sagen: «Ich hoffe, diese Nacht im Traum meinen Geliebten zu sehen, und stelle daher meine Schuhe in Form eines T auf.»

In der Johannisnacht nehmen Sie eine Orange als Symbol für die Sonne und eine Zitrone als Symbol für den Mond. Drücken Sie Gewürznelken, die braune Holznägel symbolisieren sollen, in die Schale der Früchte. Die Gewürznelken reinigen von allen Übeln, die das erste halbe Jahr gebracht hat, und sorgen dafür, daß die zweite Jahreshälfte problemlos verlaufen wird.

Weihnachten

Die Zigeuner stellen auch heute noch in der Weihnachtszeit heilige Girlanden her und verkaufen sie. Eine heilige Girlande sollte sowohl Zweige der glattrandigen als auch der dornig-gekräuselten Stechpalme enthalten, damit die Harmonie im Hause gewährleistet ist. Die dornige Stechpalme allein ist ein Omen dafür, daß im neuen Jahr der Mann der Herr im Haus ist.

Silvester

Wenn Sie wissen wollen, ob Sie im neuen Jahr heiraten, werfen Sie einen Schuh oder einen Stiefel in einen Weidenbaum, so daß er in den Zweigen hängenbleibt. Die Weide wird vom Mond regiert. Der Schuh darf nicht häufiger als neunmal geworfen werden, denn in Zauberformeln symbolisiert die Zahl Neun Vollständigkeit.

Mondzauber zum Neuen Jahr

Es heißt, daß ein Wunsch, der bei Neumond des Neuen Jahres ausgesprochen wird, Erfüllung findet. Ganz besonders viel Glück bringt es, wenn man die Sichel des Mondes zu seiner Linken sieht. Auch der erste Vollmond des Jahres soll Wünsche erfüllen: Sie werden wahr, bevor das Jahr vorbei ist.

Beim ersten Vollmond des Jahres, der eine mystische Zeit ist, können Sie auf geheimnisvolle Weise das Gesicht Ihres zukünftigen Partners in einem Teich sehen, in dem sich der Mond spiegelt. Diese Art der Voraussage nennt sich Hydromantie, Weissagung mit Wasser, eine Kunst, die schon von den alten Ägyptern gepflegt wurde.

NACHWORT

Mit all diesen Zauberformeln und Künsten alter Magie kann im Leben ja eigentlich nichts mehr schiefgehen. Natürlich sollte man wenigstens ein bißchen daran glauben. Das hilft! Andererseits sollte man sie aber auch nicht so ernst nehmen, daß man vielleicht andere helfende Maßnahmen versäumt.

Die meisten der in diesem Buch gesammelten Zaubereien, Beschwörungen, Prophezeiungen stammen aus alten Überlieferungen, aus Volksglaube und Zigeunertradition. Ein bißchen etwas muß also dran sein, daß sie sich so lange gehalten haben.

Ob spielerisch oder ernsthaft angewendet, die Rezepte aus der Küche der Magie sind reizvoll, machen neugierig und – wer weiß – sind in gewissen Fällen sogar wirksam. Allzu leichtsinnig sollte man also nicht damit umgehen...

Mein ganz persönlicher Zauber